의사를 꿈꾸는
어린이를 위한
놀라운 의학사

예병일 지음
오승만 그림

의사를 꿈꾸는
어린이를 위한
놀라운 의학사

해나무

머리말

    몸이 아파서 병원에 가면 의사 선생님이 진찰을 하신 후 어떻게 하면 금방 나을 수 있는지 알려 줍니다. 대부분 잠시 따끔하고 아프기는 해도 참을 만한 처치를 받거나, 처방 받은 약을 먹고 나면 아프던 것이 싹 사라지는 경험을 한 적이 있을 겁니다. 이런 경험을 하고 나면 내 몸이 왜 아픈지, 또 의사들은 어떻게 해서 이렇게 쉽게 내 몸을 고칠 수 있는지 궁금해질 것입니다.
    이 세상의 위대한 발견 중에는 부단한 노력과 끊임없는 정진으로 이루어진 경우도 있지만, 어느 날 우연히 발견한 사건에서 번득이는 아이디어를 얻어 이것을 발전시킨 경우도 많습니다.
    오늘날 쉽게 고칠 수 있는 병을 수백 년 전의 우리 조상들도 쉽게 고칠 수 있었을까요? 고칠 수 있었다면 언제 어떤 까닭으로 못 고치던 병을 고칠 수 있게 된 것일까요? 사람들은 역사와 함께 조금씩 꾸준히 의학을 발전시켜 왔을까요, 아니면 어느 날 갑자기 아주 똑똑하고 대단한 능력을 지닌 의학자가 태어나 의학을 획기적으로 바꾸었을까요?

　이 책은 이와 같은 여러분들의 호기심을 충족시키기 위해 씌어졌습니다. 오늘날의 의학 수준은 몸속에 있는 장기를 못 쓰게 되었을 때 다른 것으로 바꿀 수 있을 정도로 발전했습니다. 책 한 권에 의학의 발전 과정과 여러분들의 호기심을 충족시킬 수 있는 모든 내용을 담을 수는 없겠지만 이 책을 통해 여러분들이 조금이라도 더 의학에 관심을 가지게 되고, 의학이란 참으로 재미있는 학문이라는 점을 깨닫게 되었으면 합니다. 더불어 여러분들이 자라나 기발하고도 획기적인 의학적 발견을 해냄으로써 인류에 큰 보탬이 되고, 많은 불치병을 자기 손으로 꼭 고쳐 보겠다는 포부를 가지게 되면 좋겠습니다.

차례

머리말 • 4

1장 의학의 시초를 장식한 사람들

의술의 신, 아스클레피오스 • 12
히포크라테스 선서에 얽힌 비밀 • 18
최고의 의사 갈레노스와 엉터리 이론 • 26
해부학자 베살리우스, 시체를 훔치다 • 34
"피는 온몸을 돌아다닌다" • 42

우표로 보는 의학사 01 • 50

2장 엽기적인, 너무나 엽기적인 의학의 역사

이에는 이, 눈에는 눈 • 56
구멍 뚫린 위, 인체의 비밀을 밝히다 • 62
피를 뽑아내는 게 치료법이라고? • 68
세상에나, 병균을 먹다니! • 74
이상한 병에 걸린 식인종 • 82

우표로 보는 의학사 02 • 92

3장 위대하고 기막힌 의학의 발견

두창을 해결한 제너 • 98
미생물이 전염병을 발생시킨다 • 106
바른말 하다가 정신병자가 된 제멜바이스 • 113
황열 연구를 위해 목숨을 바친 사람들 • 120
혈액형을 발견한 란트슈타이너 • 128

우표로 보는 의학사 03 • 136

4장 자르고 가르는 외과 의술의 발전

선사시대에도 뇌수술을 • 142
외과학의 기초를 닦은 파레 • 151
마취제가 발견되기까지 • 158
이차감염을 막지 않으면 수술은 실패한다 • 165
고장난 장기 바꿔 끼우기 • 171

우표로 보는 의학사 04 • 182

1장 의학의 시초를 장식한 사람들

이 세상에 인류가 처음 나타났을 때 병을 지니고 있었을까? **옛날 유물이나 기록을 보면 과거 인류에게도 질병이 있었다는 것을 알 수 있어. 그러나 모든 질병이 처음부터 생겼던 것은 아니야.** 예를 들어 고대 이집트 문명 지역에서 출토된 유물을 보면 소아마비나 결핵 같은 질병이 당시에도 있었다는 것을 알 수 있어. 매독은 15세기 말에야 처음 세상에 나타났고, 독감이 나타난 것은 100년이 채 되지 않았어.

원시인들도 나무 열매를 따기 위해 나무 위에 올라갔다가 떨어져 다치거나, 사냥하다가 넘어지거나, 동물의 공격을 받아 온몸에 상처를 입거나 뼈가 부러졌다면 치료가 필요했을 거야.

동물은 치료를 할 수 있는 능력이 있을까? 알쏭달쏭한 이 문제의 정답은 "있다"야. 새가 다리에 상처를 입었을 때 진흙을 발라서 지혈을 하

자— 이야기 시작한다

는 모습이 관찰되었어. 효과가 있는지 없는지 알 수 없지만 이 밖에도 동물들이 몸에 생긴 이상을 해결하기 위하여 특이한 행동을 하는 경우가 여러 가지 관찰되었어. 동물이라고 무시할 수는 없어! 동물이 나름대로의 치료법을 가지고 있었으니 원시인들도 몸을 치료하기 위한 지식을 조금이나마 가지고 있었을 거야. 하지만 인류가 등장한 후 수만 년 이상의 세월이 흐르는 동안 의학의 발전 속도는 아주 느렸어. '의학의 아버지'라는 별명을 지닌 히포크라테스가 태어난 것이 기원전 5세기의 일이었으니 그 이전에는 의학다운 의학이 없었다고 할 수 있을 정도야.

이제부터 히포크라테스 이전부터 근대 의학이 시작되기까지 의학 발전에 크게 공헌하여 인류를 질병으로부터 구원해 준 유명한 의학자들을 소개하고자 해. 이들은 사람들의 사고방식을 전환시킬 만한 위대한 업적을 남긴 분들이야. 의학의 시초에 자신의 이름을 아로새긴 분들이 어떻게 의학 지식을 습득하고 발전시켰는지 알아보면서 의학에 대한 관심을 키우고, 몸과 질병을 이해해 보는 기회를 가져 보자구.

01 의술의 신, 아스클레피오스

그림을 잘 들여다봐. 중간에 지팡이가 하나 보이고, 그 지팡이를 뱀이 둘둘 감고 있지? 뱀이 감고 있는 이 지팡이를 본 적이 있니? 이 마크는 전 세계 모든 사람들의 건강을 위해 일하는 세계보건기구의 마크야. 이 지팡이의 주인공은 '의술의 신'이라는 별명을 지닌 아스클레피오스야.

아스클레피오스의 아버지는 태양의 신 아폴로이고, 어머니는 인간인지 요정인지 불분명한 코로니스야. 전설에 따르면 코로니스는 이미 사촌인 이스키스와 결혼하기로 약속된 상태에서 아폴로의 아기를 임신했어. 코로니스의 임신 사실을 알자 아폴로는 활을 쏘아 이스키스를 죽여 버렸고, 아폴로의 누이동생인 아르테미스는 같은 방법으로 코로니스를 죽여 버렸어. 아폴로가 코로니스의 배를 갈라 끄집어낸 아기가 바로 아스클레피오스야.

흔히 태양신으로 알려진 아폴로는 사실은 음악의 신, 시의 신, 건강의 신 등 여러 가지 별명을 가지고 있어. 아버지가 건강의 신이었으니 아들인 아스클레피오스가 의술에 뛰어난 것이 그리 특별한 일은 아닐 수 있어. 불행하게도 태어나자마자 엄마를 잃은 아스클레피오스는 부모와 떨어져서 어린 시절을 보내야 했고, 그를 키워 준 신은 켄타우로스 종족이었어.

켄타우로스 종족은 허리 위는 사람이고, 허리 아래는 말의 모습을 하고 있어. 대개의 신화에서 켄타우로스는 남의 자식을 키워 주는 따뜻한 마음을 지녔다기보다 야만적인 성격을 보여주지. 그런데 켄타우로스가 속해 있던 종족은 의술에 아주 뛰어난 종족인데다 특히 약초에 대한 지식이 많았다고 해.

아스클레피오스는 켄타우로스 종족 사이에서 자라면서 의학 지식을 전수받았다고 하지만 신화이니 만큼 그리 믿을 만한 내용은 아니야. 다른 자료에 의하면 의술에 일가견이 있던 아폴로가 켄타우로스 종족의 일

원인 키론에게 의학을 가르쳐 주었고, 키론이 아스클레피오스에게 의학을 가르쳐 주었다고 해. 아스클레피오스가 의술의 신의 위치에 오른 것은 그의 의술이 당시 신들 사이에서 가장 뛰어났기 때문이지.

아스클레피오스의 지팡이에 감겨 있는 뱀에는 재미난 전설이 있어.

그리스의 신 중에서 가장 높은 위치에 있는 신 제우스는 막강한 권력을 휘두르는 실력자였어. 자신의 마음에 들지 않으면 제멋대로 벌을 내리곤 했지. 어느 날 제우스는 글라우코스에게 번개를 쳐서 그를 죽여 버렸어. 아스클레피오스는 글라우코스를 살리려 했지만 아무리 아스클레피오스가 의술의 신이었다 해도 죽은 사람을 살려 낼 재주는 없었어. 이때 뱀 한 마리가 방으로 들어왔어. 뱀을 보고 깜짝 놀란 아스클레피오스는 가지고 있던 지팡이로 뱀을 내리쳐 죽여 버렸어. 그러자 잠시 후 뱀 한 마리가 입에 약초를 물고 방으로 들어와서는 죽은 뱀의 입에 그 약초를 올려 놓았어. 그런데 이게 웬일이니? 죽었던 뱀이 다시 살아난 거야.

'뱀이 사용한 약초는 죽은 생명을 구할 수 있는 신비의 약초일까?'

아스클레피오스는 자신의 눈앞에서 벌어진 일에 호기심을 느끼며 뱀이 한 것처럼 약초를 글라우코스의 입에 갖다 대었고, 약초의 효험 때문인지 글라우코스는 다시 살아날 수 있었어. 결과적으로 아스클레피오스는 뱀으로부터 죽은 사람을 살릴 수 있는 신비의 의술을 전해 받은 셈이야! 그리고 그때부터 지팡이를 감고 있는 한 마리의 뱀을 자신의 상징으로 삼기 시작했다고 해.

아스클레피오스는 의술의 신이라는 별명에 걸맞게 의술이 뛰어났을 뿐 아니라 능력이 일취월장하여 나중에는 죽은 사람을 살려 낼 수 있을 정도로까지 발전했어. 그러니 어떻게 되었겠어?

이 세상에 죽는 사람이 없어지게 된 거야. 그러자 저승의 신 하데스는 할 일이 없어져 버렸어. 할 일이 없어진 하데스는 이 사실을 제우스에게 고해 바쳤어.

"제우스 신이시여, 아스클레피오스로 인해 이 세상에 죽는 사람이 없어져 버렸습니다."

"뭐라구? 신도 아닌 인간들이 이제 더 이상 죽지 않게 되었다고?"

인간들이 죽지 않는다는 사실에 화가 난 제우스는 벼락을 쳐서 손자인 아스클레피오스를 죽여 버렸어. 마음에 안 든다고 아무나 죽여 버리는 제우스는 제멋대로인 독재자라 해야 할 거야.

참고로 아스클레피오스는 에피오네와 결혼하여 2남 2녀를 두었어. 그의 아들과 딸은 모두 아버지를 닮아서 의술이 아주 뛰어났지. 장남인 마카온은 수술 실력이 뛰어나서 후에 외과를 담당하는 신이

되었고, 차남인 포달레이리오스는 내과를 담당하는 신이 되었어. 장녀 히기에이아는 건강을 돌보는 신이 되었고, 차녀인 파나케이아는 약을 담당하는 신이 되었으니 의사 집안이라 할 수 있어.

그런데 아스클레피오스의 의술은 전설에 남아 있을 뿐 기원전 4~6세기에 히포크라테스가 나타날 때까지 인류에겐 의학에 대한 지식이 거의 없었다고도 할 수 있어. 히포크라테스 이전의 그리스인들은 질병을 신이 내린 벌이라 생각해서 고칠 생각을 별로 하지 않았거든. 흔히 사용된 방법은 벌을 내린 신에게 자신을 낫게 해 달라고 비는 것이었어. 그래서 곳곳에 의술의 신인 아스클레피오스의 신전을 건립했어. 사람들은 신에게 잘 보이기 위해 몸을 깨끗이 씻고, 신전에서 기도를 올렸어. 공기 맑고 경치 좋은 신전에서 몸을 깨끗이 하면 질병 해결에 도움이 되는 것은 당연한 일이었지만 당시 사람들은 신의 능력으로 몸이 낫는다고 생각했어. 그래서 히포크라테스가 등장하기 전까지는 아스클레피오스가 의학을 지배했다고 할 수가 있지.

02 히포크라테스 선서에 얽힌 비밀

역사 기록에서 의학 지식과 기술이 뛰어난 최초의 인물이라면 '의학의 아버지'라 불리는 히포크라테스를 첫 손에 꼽을 수 있어. 히포크라테스 이전에는 의학이 시작조차 못했다고 이야기할 수 있을 정도로 그의 활약은 대단했어. 히포크라테스(기원전 460?~377?)는 미개한 의학으로 많은 사람들이 병들어 죽어 가던 문제를 해결해 주었을 정도로 의학 발전에 획기적인 역할을 한 사람이야.

고대 그리스에 유명한 학자들이 많이 있었다는 것을 알고 있지? 히포크라테스가 활약했던 시기는 피타고라스, 소크라테스, 탈레스, 소포클레스, 투키디데스 등 이루 헤아릴 수 없을 만큼 많은 학자들이 두각을 나타내던 때였어. 그때는 학문 분류가 오늘날과 같지 않았어. 의학이나 철학과 같은 학문 분야는 중요하지 않았고, 각자 자기가 관심 있는 부분만을 열심히 연구하면 되었어.

고대 그리스의 황금기라 할 수 있는 시기에 활약한 히포크라테스는 아버지가 의사인데다 고향에 아스클레피오스 신전이 있어서 어렸을 때부터 의학과 가깝게 지내기도 했지만, 여행을 통해 수많은 유명 학자들을 만나고 의견을 교환하면서 학문적 깊이를 더해 갈 수가 있었어. 덕분에 의학 이외의 분야에서도 수많은 지식을 습득할 수 있었지.

히포크라테스는 어떻게 해서 '의학의 아버지'라는 별명을 가지게 되었을까? 또 얼마나 위대한 인물이길래 후대의 의학자들이 '제2의 히포크라테스'라는 이야기를 최고의 칭찬으로 받아들이게 되었을까?

히포크라테스가 세상을 떠난 지 약 2,400년의 세월이 흐르는 동안 의학은 엄청나게 발전했어. 오늘날의 의사는 누구라도 히포크라테스

보다 더 많은 의학 지식을 가지고 있을 거야. 그런데도 히포크라테스가 '의학의 아버지'라는 대단한 찬사를 받고 있는 것은 신만이 인간의 질병을 고칠 수 있는 것이 아니라 인간이 노력하면 질병을 고칠 수 있다는 것을 몸소 보여줬기 때문이야.

히포크라테스 이전에는 치료법이 없는 질병이 아주 많았어. 질병이 생기면 사람들은 치료를 하기보다 신에게 도움을 요청하는 것이 보통이었지. 그런데 히포크라테스가 나타나서 이렇게 주장한 거야.

"질병이란 사람의 몸에 이상이 생겼거나 사람의 몸과 주변 환경의 부조화에 의해서 생기는 것이니 잘못된 것을 정상으로 바로잡아 주면 치료가 가능합니다."

사람들은 '어차피 치료할 방법도 마땅치 않으니 히포크라테스가 하라는 대로 한번 해 보자' 하고 치료를 해 보았어. 그런데 병이 낫기 시작한 거야. 이 사실이 주변에 알려지자 모두들 히포크라테스가 하라는 대로 치료를 하기 시작했어. 이전에는 못 고치던 질병이 치료되자 사람들은 히포크라테스의 가르침이 옳다는 생각을 가지게 되었지.

히포크라테스의 가장 큰 가르침은 "질병은 고칠 수 있으니 노력해 보자"는 것이야. 히포크라테스는 이렇게 질병에 대한 사람들의 생각을 바꾸어 주기도 했지만 평생을 통해 계속해서 환자를 보면서 어떻게 하면 질병을 해결할 수 있는지를 연구했어. 질병을 진단하고 치료할 수 있는 의료기구를 직접 만들기도 하고, 자신이 발견한 새로운 방법은 물론 잘못 진찰하여 환자를 위험에 빠뜨리게 한 내용까지 모두 기록해 두었어. 이 기록은 후대의 의사들에게 큰 도움을 주었지.

옛날에는 전쟁 포로가 생기면 마구 함부로 대했다는 사실을 알고 있지? 임금이 먹을 음식에 독이 들어 있는지 아닌지를 확인하기 위해 포로에게 먼저 먹여 보는 경우도 있었는데 이런 일을 하다 실제로 독이 든 음식을 먹고 죽는 경우도 있었어. 사람의 몸을 시험 대상으로 삼는다는 건 오늘날 도덕적으로 도저히 받아들일 수 없는 일이지만 말이야. 히포크라테스가 아주 높이 평가되는 이유 중 하나는 이런 윤리에도 관심을 가졌다는 점이야. 의사들이 환자들을 대할 때 어떤 식으로 대하는 것이 바람직한지를 제자들에게 잘 가르쳐 주었어.

"인생은 짧고 예술은 길다"라는 말 들어 봤니? 이 말도 히포크라테스가 남긴 말이야. 지금은 예술과 의술이 확실히 구별되지만 히포크라테스가 활약한 시기는 의술과 예술이 제대로 구분

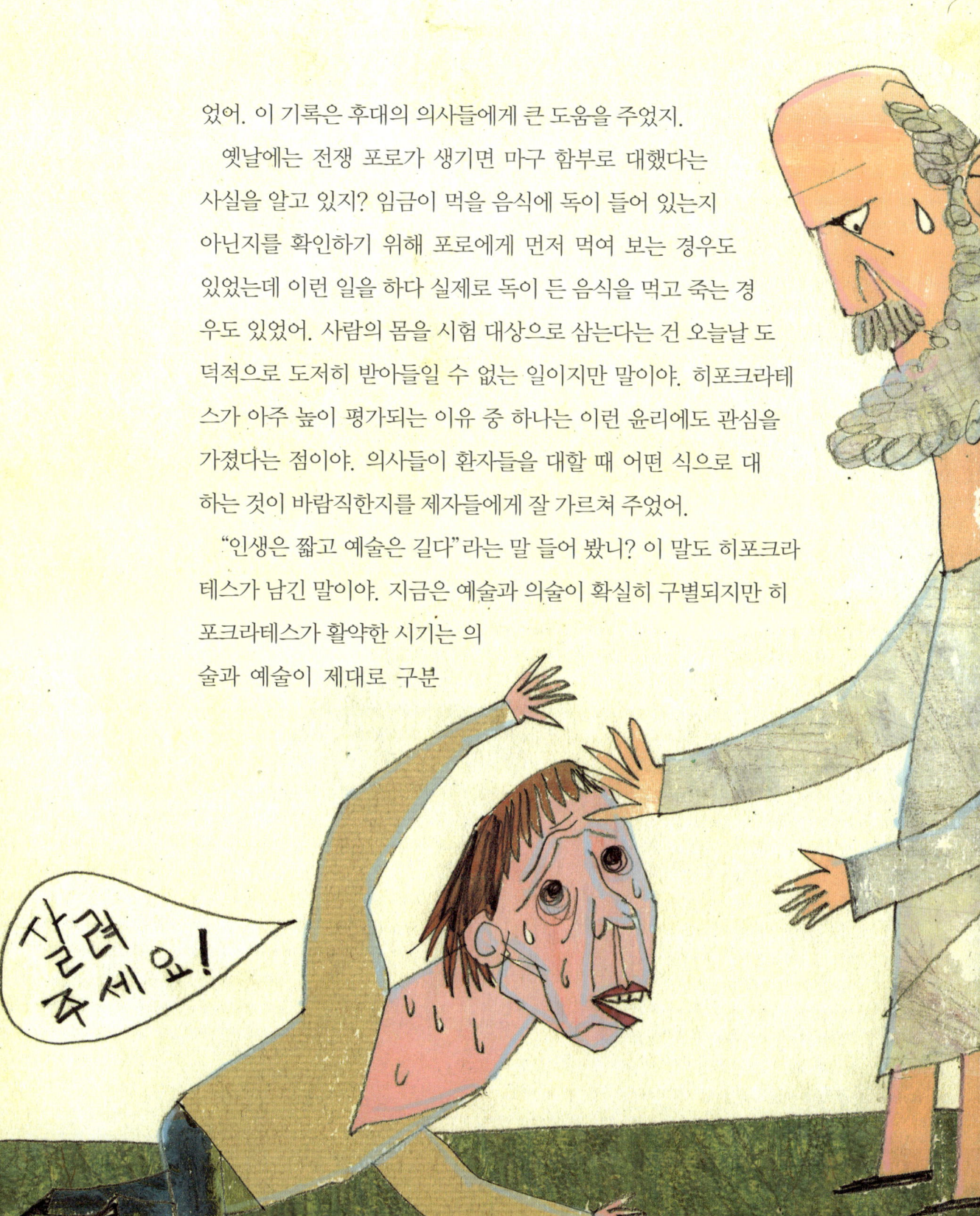

살려 주세요!

되지 않던 시기였어.

히포크라테스의 행적을 보노라면 예술보다 의술이라고 하는 게 더 맞다는 생각이 들어.

히포크라테스가 후대에 남긴 유산에는 『히포크라테스 선서』와 『히포크라테스 전집』이 있어. 의사가 되기 위해 의학을 공부한 대학생과 대학원생들이 졸업식에서 "앞으로 의사로서 양심에 거리낌 없이 열심히 살아가겠다"고 다짐하기 위해 오른쪽 손바닥을 들고 선서를 한다는 이야기 들어 봤지? 이때의 선서가 바로 히포크라테스 선서야. 참고로 간호학을 공부한 대학생들도 졸업할 때 의학도들과 마찬가지로 선서를 하는데 그것은 나이팅게일 선서라고 해.

선생님이 학생들에게 히포크라테스 선서를 가르치는 모습을 담은 옛 그림.

아주 오래 전부터 전해 내려오는 히포크라테스 선서는 보통 어른들이 보는 책으로 한쪽 반이나 될 정도로 길어. 아무리 대학생이라 해도 졸업식 때 일어서서 손바닥을 들고 처음부터 끝까지 읽는 것은 아주 귀찮은 일일 거야. 이 선서가 의학도들의 졸업식에 이용된 것은 1804년에 프랑스의 몽펠리에 의과대학이 처음이었으니 역사가 그리 오래되

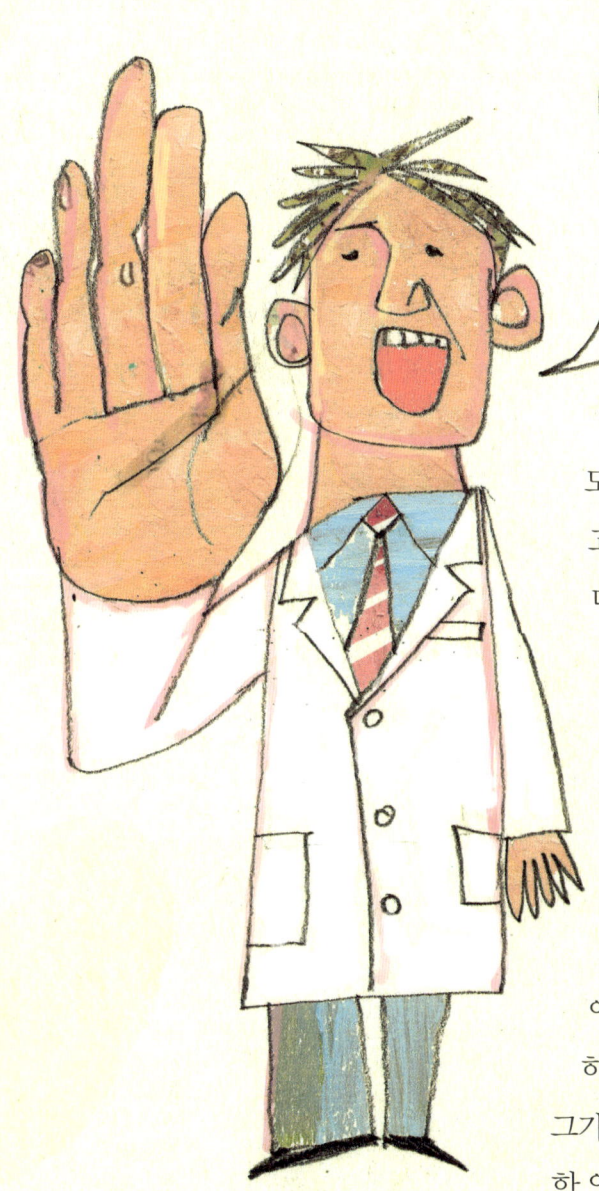

"선서"

지는 않았어.

그런데 재미있는 것은 히포크라테스 선서를 히포크라테스가 만들지 않았다는 거야. 선서의 내용을 꼼꼼히 살펴보면 앞뒤가 맞지 않고, 중복되는 내용도 있어. 아마도 오랜 기간에 걸쳐 여러 사람들이 필요하다고 생각되는 내용을 더하기도 하고, 필요없다고 생각되는 내용을 빼기도 하면서 전해졌기 때문일 거야.

몽펠리에 의과대학에서 선서를 한 이후 이 풍습이 수많은 학교로 퍼져 나가자 세계의사협회는 1948년에 크게 줄인 내용의 히포크라테스 선서를 다시 만들었어. 이것이 오늘날 수많은 학교의 졸업식에서 이용되고 있는 거야.

히포크라테스의 우수성을 잘 보여 주는 것은 그가 남긴 책이야. 『히포크라테스 전집』은 방대한 양의 의학 지식이 담겨 있어서 히포크라테스

시대의 의학이 어떠했는지를 한눈에 볼 수가 있어. 그런데 말이야, 이 책도 히포크라테스가 쓴 것이 아니야. 그럼 누가 썼냐고?

마케도니아 출신으로 기원전 4세기에 그리스, 이집트, 중동 지방, 인도 등을 정복한 알렉산더 대왕은 자신이 점령한 곳에 자신의 이름을 딴 도시를 만들곤 했는데 이 중 가장 유명한 도시가 이집트의 알렉산드리아야. 힘으로 지배하기보다는 문화적으로 점령 지역의 주민들을 다스리고자 했던 알렉산더는 알렉산드리아에 당시로는 최고의 도서관을 짓고, 수많은 장서를 보관했어. 요즘처럼 책 구하기가 쉽지 않았던 시절이니 누구라도 공부를 하기 위해서는 이곳을 찾아와야 원하는 책을 구할 수 있었어. 그러다 보니 알렉산드리아는 수많은 학자들이 모여드는 학문의 중심지가 되었지.

당시의 유명 의학자들 중 상당수가 알렉산드리아에 모여들었어. 이들이 기원전 4세기경부터 100년 이상의 기간에 걸쳐 히포크라테스와 관련된 저술과 자료를 수집하여 발간한 책이 바로 『히포크라테스 전집』이야. 이 책이 유명한 것은 질병을 증상에 따라 짜임새 있게 나누고, 치료 방법을 써 놓았을 뿐 아니라 의사가 환자를 대하는 태도와 마음가짐을 담고 있기 때문이야.

히포크라테스는 선서도 전집도 직접 쓰지 않았지만 그를 받드는 사람들이 모두 그의 이름을 이용하기를 원할 만큼 대단한 의학자란 점을 알 수 있겠지?

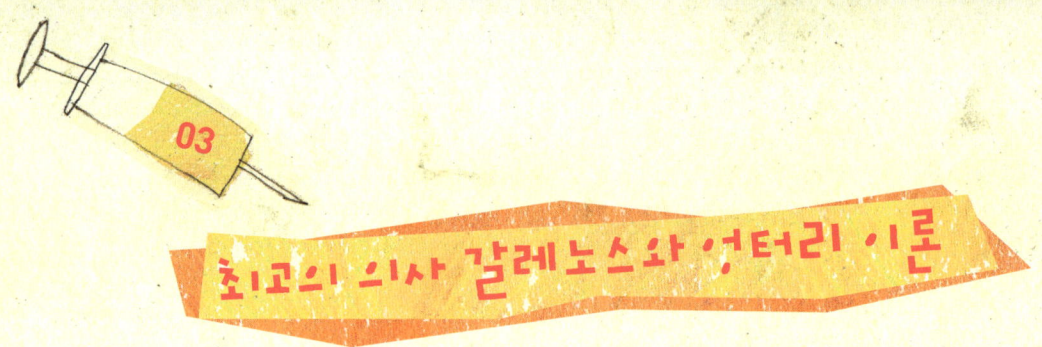

최고의 의사 갈레노스와 엉터리 이론

의사 갈레노스

오랜 기간 동안 의학에서 가장 높은 영향력을 발휘한 사람은 누굴까? 히포크라테스? 답은 갈레노스야. 지금 소개할 갈레노스는 히포크라테스보다 약 600년이 지난 2세기에 로마에서 활약했던 의사야. 갈레노스가 주장한 의학은 길게는 1800년에 이르기까지 절대 진리로 받아들여졌어. 오랜 기간에 걸친 영향력이라는 측면에서는 히포크라테스가 갈레노스를 따라갈 수가 없어.

2세기는 로마의 세력이 가장 강한 시기였어. 그러나 그것은 정치적이고 군사적인 이야기일 뿐 문화적으로는 그리스 문화가 크게 세력을 떨치고 있었어. 그래서 아무리 로마라 해도 그리스의 문화, 언어, 지식에 정통해야 지식인으로 대우를 받을 수 있었어. 갈레노스의 아버지는 건축가이자 여러 가지 방면에 지식이 많은 페르가몬 지역의 유지여서, 갈레노스는 경제적인 어려움 없이 아버지의 뜻을 받들어 다양한 공부를 할 수 있었어. 갈레노스가 14세가 될 때까지 아버지는 문학, 철학, 수학을 직접 가르치면서 갈레노스가 다양한 분야에 소양을 쌓을 수 있도록 도와주었어. 그런데 어느 날 아버지의 꿈에 아스클레피오스가 나타난 후 아버지는 생각을 바꾸었어.

"갈레노스야! 너는 의사가 되거라."

아버지의 가르침에 따라 갈레노스는 스무 살 무렵 알렉산드리아로 유학을 떠났어. 앞에서 이곳이 학문의 중심지가 되었다는 이야기를 한 적 있지. 알렉산드리아에서 의학과 철학을 비롯해 여러 다양한 분야를 깊이 있게 공부한 갈레노스는 일찍부터 글을 써서 자신의 업적을 남기기 시작했어.

얼마 안 가서 그는

히포크라테스 의학의 이론과 실습에 대한 전문가가 되었고, 사람들은 그를 히포크라테스의 의학을 한층 발전시킨 인물로 여기게 되었어.
　유학생활을 마치고 고향으로 돌아간 그는 주로 외과 의사로 활약하면서 부러지거나 어긋난 뼈를 치료하기, 머리에 상처가 생겼을 때 수술하는 방법 개발하기, 찢어진 상처를 실로 꿰매기, 잘린 혈관을 실로 묶어서 피가

흐르지 않게 하기, 몸에 불필요하게 생긴 조직을 잘라내기, 방광에 생긴 돌멩이를 수술로 치료하기 등 많은 치료법을 개발했어. 그의 명성은 자자해졌어. 로마의 의사들은 변방에서 온 그를 무시했지만 고향에서는 최고의 의사로 대접받았지.

세월이 지나 그가 유명해지면서 갈레노스는 로마 황제 아우렐리우스의 주치의를 맡게 되었어. 황제의 주치의는 황제와 그 가족들만 돌보면 되기 때문에 고향에서 마을 사람들을 돌보는 것과 비교하면 시간 여유가 많았어. 그래서 검투사를 치료하기도 하고, 동물을 이용하여 의학과 질병을 연구하기도 했어.

검투사들은 칼과 같은 무기를 들고 싸움을 하므로 몸에 상처를 입는 일이 흔해. 이런 환자들을 치료하다 보니 갈레노스는 자연히 사람 몸속의 구조에 관심을 가질 수밖에 없었어. 당시의 로마에서는 사람 시체를 해부할 수 없어서 갈레노스는 동물 해부를 통해 지식을 쌓아 갔어.

갈레노스보다 수백 년 앞서서 아리스토텔레스는 "자연에 있는 것은 아무것도 헛되이 존재하는 것이 아니라 기능을 하기 위해 존재하는 것이다"라고 이야기한 적 있어. 갈레노스는 아리스토텔레스의 말이 옳다고 생각하면서 동물 해부 지식과 치료 경험이 어떤 의미가 있는지 차근차근 정리해 보았어. 즉 생명체 내에 존재하는 모든 구조물에 대해 기능이 무엇이고, 왜 존재하는지를 설명하려고 한 거야.

갈레노스는 인체에서 모르는 사실을 알아내기 위해 동물을 해부하고는 그것으로 인체의 기능을 설명했어. 그러다 보니 잘못된 설명도 많았어. 사람과 동물은 유사한 기관과 계통이 있는 반면 차이가 큰 부분도 상당히 있거든. 그런데도 1,300년이 넘는 세월이 흘러 베살리우스가 "갈레노스의 해부학 지식에 잘못된 것이 많다"라고 지적을 하기까지 그 누구도 그의 지식에 반대할 수 없었어. 거의 18세기가 끝나는 시점까지 그의 영향력이 유지되었기 때문이야.

갈레노스는 수많은 저술을 남겼어. 의학은 물론 철학과 같은 다른 분야의 책까지 남겼으니 아마 평생 책을 쓰느라 단잠을 설쳤을 거야. 책의 모양이 오늘날과 다르므로 그가 몇 권의 책을 남겼는지는 계산하는 사람들에 따라서 차이가 있지만 의학 이외의 분야까지 포함하면 수백 권의 책을 남겼어. 그 중에서 일부는 소실되었지만 현재까지 남아 있는 그리스와 로마의 의학 서적 가운데 반이 그가 쓴 것이라고 해. 그는 로마 사람이었으므로 당시 로마의 공용어이던 라틴어로 책을 썼어. 그가 쓴 책 중에서 오늘날 영어로 번역되어 있는 것은 아직까지 반이 채 안 될 정도야.

'로마 최고의 의사', '의사의 왕자', '실험생리학의 아버지' 등 수많은 별명을 가진 그는 의학 지식을 쌓기 위해서는 실습을 통해 직접 확인하는 것이 중요하다고 주장했어. 물론 자신도 이를 몸소 실천하여 훌륭한 업적을 남겼지. 의학 중에서도 해부학과 생리학에 훌륭한 업적을 특히 많이 남긴 그는 의학을 인간의 영역으로 바꾸어 놓은 히포크라테스의 뒤를 이어 의학의 과학적 기초를 닦은 사람으로 평가돼. 또 수많은 책을 남겼고, 히포크라테스 의학에 정통했다는 점에서 '고대 서양 의학의 집대성자' 라는 별명도 가지고 있어.

그가 아주 훌륭한 의학자인 것은 분명하지만, 4체액설처럼 지금의 눈으로 보면 엉터리인 업적도 꽤 많이 남겼어. 그의 주장을 뒷받침할 증거가 아무것도 없었는데도 아무도 그의 주장에 이의를 제기하지 않았지. 그가 유명한 의학자라는 이유 때문에 말이야. 그가 약 1,600년이나 서양 의학에 영향력을 행사한 것은 시대적 상황의 도움이 커. 그의 의학은 중세를 지배한 신학과 잘 맞아 떨어졌거든. 때문에 신학 중심의 중세사회에서는 아무도 그의 의학에 이의제기를 할 수가 없었지. 중세 말기에서 르네상스 시대를 거쳐 가면서 그의 의학에서 잘못된 부분이 점차 알려지기 시작했지만 보수적이고 권위적이었던 학계의 분위기는 계속 그를 지지했어. 그의 저술을 부정하는 것은 곧 신에 대한 모독으로 취급을 받을 정도였어. 그의 영향력이 대단했다고 할 수밖에 없지.

엉터리 이론 4체액설

고대 그리스 철학자 엠페도클레스는 이 세상이 물, 불, 공기, 흙으로 이루어져 있다는 4원소설을 주장했어. 4원소설은 엉터리 이론이지만 물이 액체, 공기가 기체, 흙이 고체, 불이 에너지를 비유하는 것이라 생각하면 꽤 훌륭한 이론이기도 해.

4원소설의 영향을 받은 히포크라테스는 사람의 몸이 차고, 뜨겁고, 마르고, 습한 네 가지 체액으로 구성되어 있다고 생각했어. 이 네 가지가 균형을 이루면 건강하고, 그렇지 않으면 병이 생기지만 모자라는 것을 보충하는 것이 치료 방법이라 여긴 거야. 히포크라테스는 혈액, 점액, 황담즙, 흑담즙이 질병과 건강을 결정하는 요인으로 생각했어. 혈액은 뜨겁고 습한 성질, 점액은 차고 습한 성질, 황담즙은 뜨겁고 건조한 성질, 흑담즙은 차고 건조한 성질을 가지고 있다는 것이 바로 4체액설이야. 갈레노스도 이 이론을 받아들였어. 그런데 문제는 사람의 몸에 흑담즙이 없다는 거야. 그러니 4체액설은 엉터리일 수밖에 없지.

그런데도 4체액설은 근대가 시작되기까지 질병의 원인을 설명하는 가장 유력한 이론이었어. 이론은 엉터리지만 사람 몸속의 균형을 중시했다는 점에서는 중요한 의학적 사실을 이야기했다고 볼 수 있어.

4체액설을 비유적으로 나타내는 그림. 왼쪽부터 혈액, 점액, 황담즙, 흑담즙.

04 해부학자 베살리우스, 시체를 훔치다

해부학자 베살리우스

사람 몸속이 어떻게 생겼는지 알고자 한다면 어떻게 해야 할까? 책을 보고 공부를 하면 된다고?

물론 그래도 되지만 책에 나와 있는 내용에 의문이 있으면 그때는 어떻게 해야 할까? 맞아, 몸을 열어서 속을 들여다보면 되지. 그런데 누구의 몸을 열어 볼까?

중세가 끝날 무렵, 1,000년 이상 전해진 갈레노스의 의학에 의문을 제기하는 사람들이 하나 둘 나타나긴 했지만 뚜렷한 증거를 제시한 사람은 16세기에 활약한 베살리우스였어. 그럼 이제부터 이 혈기왕성하고 대담한 베살리우스 얘기를 들려 줄게.

르네상스는 신 중심이 아니라 인간 중심으로 사고하자는 운동이야. 이미 13세기경부터 이탈리아를 중심으로 르네상스 운동이 일어나기는 했지만 오늘날처럼 매스컴이 발달하지 않아서 이탈리아에서 시작된 르네상스 운동이 유럽의 다른 나라로 퍼져가는 데에는 수백 년의 시간이 필요했지.

죽은 사람의 몸을 해부하는 일도 이탈리아에서는 일찍 가능해졌지만 다른 나라에서는 가능하지 않았어.

14세기 초에 활약한 몬디노는 당시에 인체 해부를 시행한 대표적인 인물이야. 1315년에 발간한 그의 『해부학』 교과서는 그 후로 수백 년 동안 의학 교육에 널리 이용되었단다. 아쉬운 점은 이 해부학 책에 그림이 없었다는 거야. 말로만 설명되어 있으니 후대인들은 사람의 몸 내부를 이해하기가 쉽지 않았어.

〈최후의 만찬〉과 〈모나리자〉 등의 그림을 그리고, 비행기를 설계하는 등 다방면에서 많은 업적을 남긴 레오나르도 다빈치는 의학에도 관심을 가지고 여러 가지 연구를 했어. 그는 인류 최초로 해부도를 남기기도 했어. 단점이 있다면 이 해부도가 그가 세상을 떠난 후 오랜 세월이 흐른 후에야 발견되는 바람에 다른 학자들에게 별다른 영향을 주지 못했다는 점이야.

1514년 벨기에에서는 훗날 '근대 해부학의 아버지'라는 별명을 가지게 되는 베살리우스가 태어났어. 그의 아버지는 오늘날로 치면 의사이자 약사의 역할을 한 사람인데, 집 안에 처형된 죄인의 시체를 보관해 두는 곳이 있었어. 집 안에 시체를 보관한다니 끔찍하지 않아?

베살리우스는 어려서부터 시체를 관찰하고 시체가 썩어 가는 과정을 지켜볼 수 있어서 해부에 관심이 많았어. 죽은 새나 동물을 직접 해부하기도 했다는데 집에 있던 시체를 건드렸는지는 확실치 않아. 베살리우스는 의학에 관심을 가지고 해부를 하면 할수록 뭔가 이상한 점을 발견할 수 있었어. 갈레노스의 책에서 본 내용이 사실과 많이 달랐거든.

'어? 이건 아닌데.'

대학교에서 의학을 공부하기 시작하면서 베살리우스는 책에 나와 있는 내용을 믿을 수 없다는 생각에 무엇이든 직접 확인해 보겠다고 마음먹었어. 그리하여 1533년부터 파리에서 의학을 공부하면서 동물 해부는

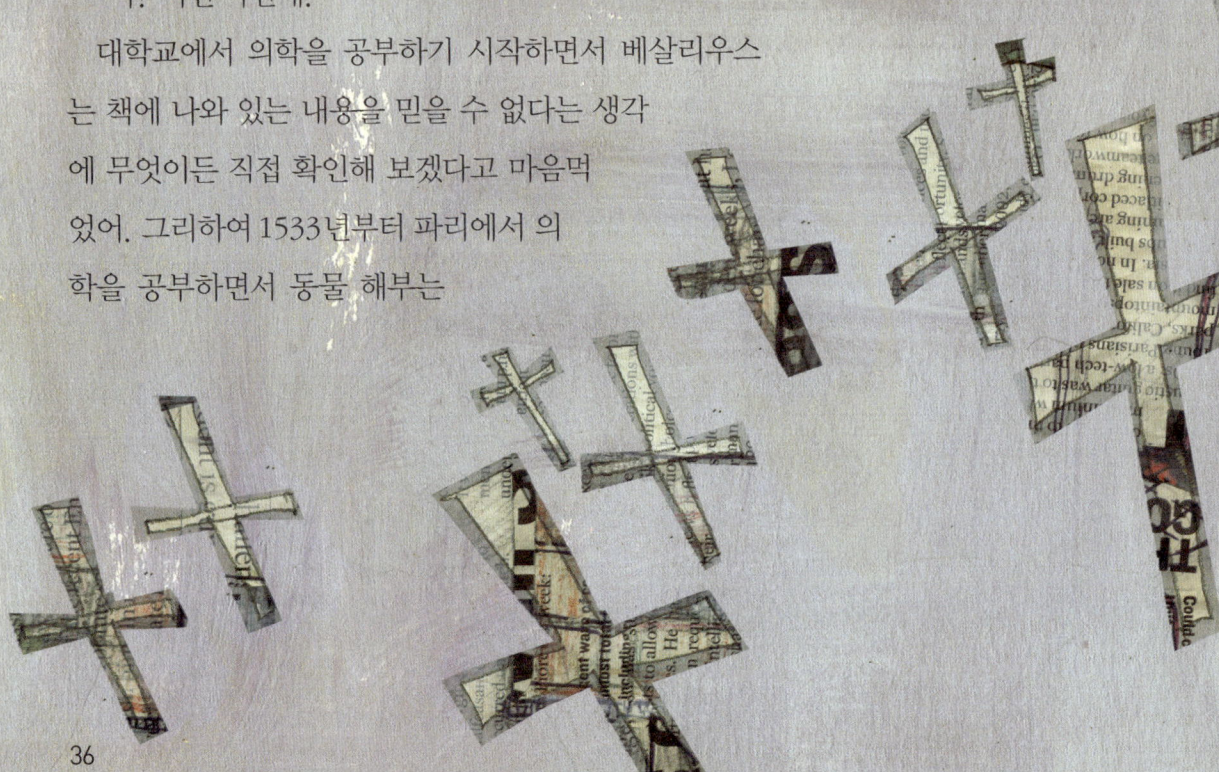

물론 사람의 뼈를 수집해 가면서 혼자서 해부학을 연구했어. 이 시기에 의과대학에서 이루어진 해부학 수업은 보통 교수가 갈레노스가 쓴 책에서 해부학과 관련된 내용을 읽어 주면 학생들이 지켜보는 가운데 이발사들이 교수가 불러 주는 내용을 시체에서 찾아서 보여 주는 방식이었어.

지켜보기만 하는 방식에 만족하지 못한 베살리우스는 스스로 시체를 해부하려 했어. 하지만 프랑스는 그때까지 이탈리아와 달리 해부를 쉽게 허락하는 분위기가 아니었어. 그래서 공동묘지를 찾아다니며 남의 시체를 훔쳐서는 몰래 해부를 하거나 사형수들의 시체를 구하러 돌아다녔어. 공부도 좋고 연구도 좋지만 시체를 훔쳐야 했다니 끔찍하

지 않니?

　시체를 훔치는 건 분명한 범죄 행위이므로 언제까지나 쓸 수 있는 방법이 아니었어. 꼬리가 길면 밟힌다는 우리 속담도 있잖아. 그래서 베살리우스는 프랑스보다 해부를 더 쉽게 할 수 있었던 이탈리아 파도바 대학교로 옮겨 해부학 연구를 계속했어.

　'책에 나오는 내용은 무엇이든 내 눈으로 직접 확인해 볼 거야!'

　베살리우스는 수많은 시체를 해부한 결과 갈레노스로부터 전해져 온 해부학 지식에 많은 부분이 잘못되어 있다는 것을 알 수 있었어. 몬디노가 남긴 해부학 책에 그림이 없음을 안타깝게 여긴 그는 친구이자 화가인 칼카르에게 도움을 청해 해부학 그림을 그리게 했어. 그리고는 그림이 포함된 해부학 책을 세상에 내놓았지.

　그가 남긴 최고의 역작은 1543년에 발표한 『인체의 구조』야. 그는 이 책에서 갈레노스의 의학에서 잘못된 점을 많이 지적했어. 이 책은 칼카르의 해부도가 워낙 섬세하게 잘 그려져 있어서 더욱 높은 평가를 받았어. 또 베살리우스는 의사들이 담당하는 내과와 이발사들이 담당하는 외과를 분리했을 때 발생하는 잘못된 점을 지적했어. 그의 주장은 내과와 외과를 한데 묶어 하나의 의학으로 받아들여야 한다는 것이었어.

　그런데 문제가 있었어. 아무리 중세가 끝나고, 르네상스 정신에 따른 인간 중심의 사고가 퍼져 나갔다고 해도 1,000년 이상 지속된 중세의 정신이 사라지지는 않았다는 거야. 신학과 종교의 힘은 여전히 막강

했어. 신학의 열렬한 지지를 받고 있던 갈레노스의 의학이 잘못되었다고 주장한 것은 수많은 적대자들을 만들고야 말았어. 그리하여 그는 의학의 역사를 바꿀 만큼 대단한 업적을 남겼음에도 불구하고 교수 자리에서 쫓겨나야만 했어.

그의 연구결과는 한점의 오차도 없고, 누구나 쉽게 확인할 수 있는 것이어서 그를 지지하는 사람들도 많았어. 그래서 그가 죽기 전에 베살리우스가 아주 훌륭한 해부학자라는 사실이 밝혀지기는 했지만 교수로 다시 복직하지는 못했어. 복직이 얘기되던 시기에 타고 가던 배가 난파 사고를 당하는 바람에 50세로 생을 마감했기 때문이야. 참으로 안타까워.

베살리우스보다 앞서서 몬디노와 레오나르도 다빈치의 활약으로 갈레노스의 책이 잘못됐다는 점은 이미 알려져 있었어. 그러나 앞선 사람들이 아주 조심스럽게 갈레노스의 잘못을 지적한 것과 달리 베살리우스는 직접적으로 갈레노스의 잘못을 지적하는 바람에 보수적인 학자들의 강렬한 비판을 받았어. 그가 의학 역사에서 위대한 인물로 남게 된 것은 1,300년 이상 유럽 의학을 지배하다시피 한 갈레노스의 의학이 잘못되었다는 점을 보여줌으로써 후대의 의학자들이 새로운 방식으로 연구하는 데 도움을 주었

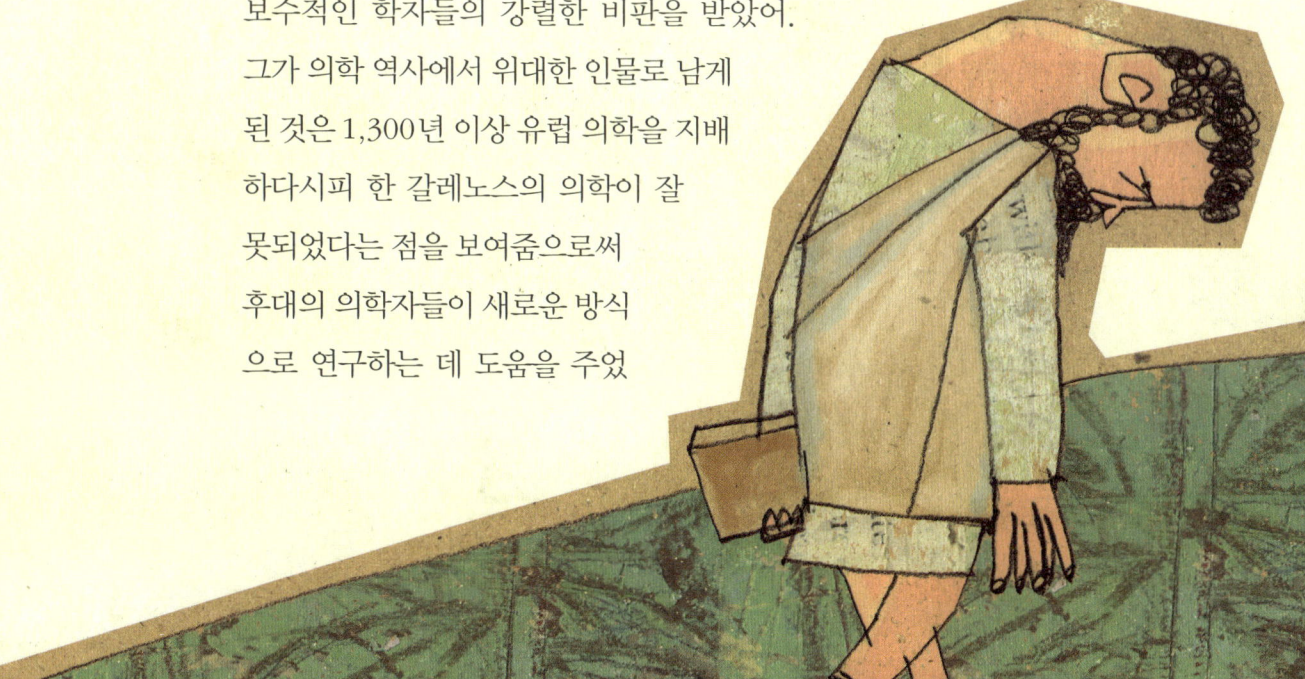

기 때문이야.

 그의 연구 방법을 전수 받은 제자와 후대의 의학자들은 그가 제시한 것처럼 직접 해부를 하여 하나하나 확인해 가는 연구 방법을 선택했어. 해부학의 발전은 한층 가속도가 붙게 되었지.

 베살리우스가 말년에 명예회복을 못한 채 불의의 사고로 세상을 떠난 점은 애석한 일이지만 자신의 이름을 길이 남겨 놓았으니 그는 역사의 승자라 할 수 있어.

 베살리우스보다 1년 늦게 태어나 이탈리아 페라라에서 해부학 교수로 일하다 1541년에 해부학 책을 펴낸 카나노는 승자가 되지 못했어. 그는 로마 법왕의 시의로 활약한 당대 최고의 의사 중 한 명으로 갈레노스의 해부학에서 잘못된 점을 찾아내기도 한 유명한 학자야. 그러나 1543년에 베살리우스가 쓴 책을 보고 난 후 자신보다 베살리우스가 훨씬 뛰어난 학자라는 생각이 들어서 자신의 능력에 회의를 느꼈어. 그래서 먼저 발행한 자신의 책을 모두 폐기처분해 버렸다는 이야기가 전해지고 있어. 후대 학자들이 "독창적인 내용이 많아서 태워 버리기에는 너무나도 아까운 책"이라고 평가할 정도로 카나노는 훌륭한 학자였지만 역사에서는 승자가 아니라 2인자로 남아야 했어.

"피는 온몸을 돌아다닌다"

　피를 흘려 본 경험이 있지? 피가 나면 얼른 그 부위를 막아야 해. 작은 상처에는 밴드를 붙이면 되고, 큰 상처라면 병원에 가서 상처를 꿰매서라도 피가 흐르지 않게 잘 막아야 해. 그래야 몸에 다른 이상이 생기는 것을 막을 수 있어.

　피가 온몸을 돌아다니고 있다는 것은 이미 알고 있지? 피는 빠른 속도로 우리 몸의 곳곳을 돌아다니며 필요로 하는 곳에 산소나 영양소를 운반하고, 쓸모없게 된 노폐물을 콩팥으로 전달해 소변과 함께 노폐물이 몸 밖으로 나가도록 해. 우리는 피가 몸을 돌고 있다는 것을 상식으로 알고 있지만 사람들이 이 사실을 알게 된 것은 400년도 채 되지 않았어.

　피가 사람의 몸을 돌아다니는 것을 발견하기 전에 사람들은 먹은 음식으로부터 피가 만들어진다고 생각했어. 물론 피가 몸을 돌아다닐 것

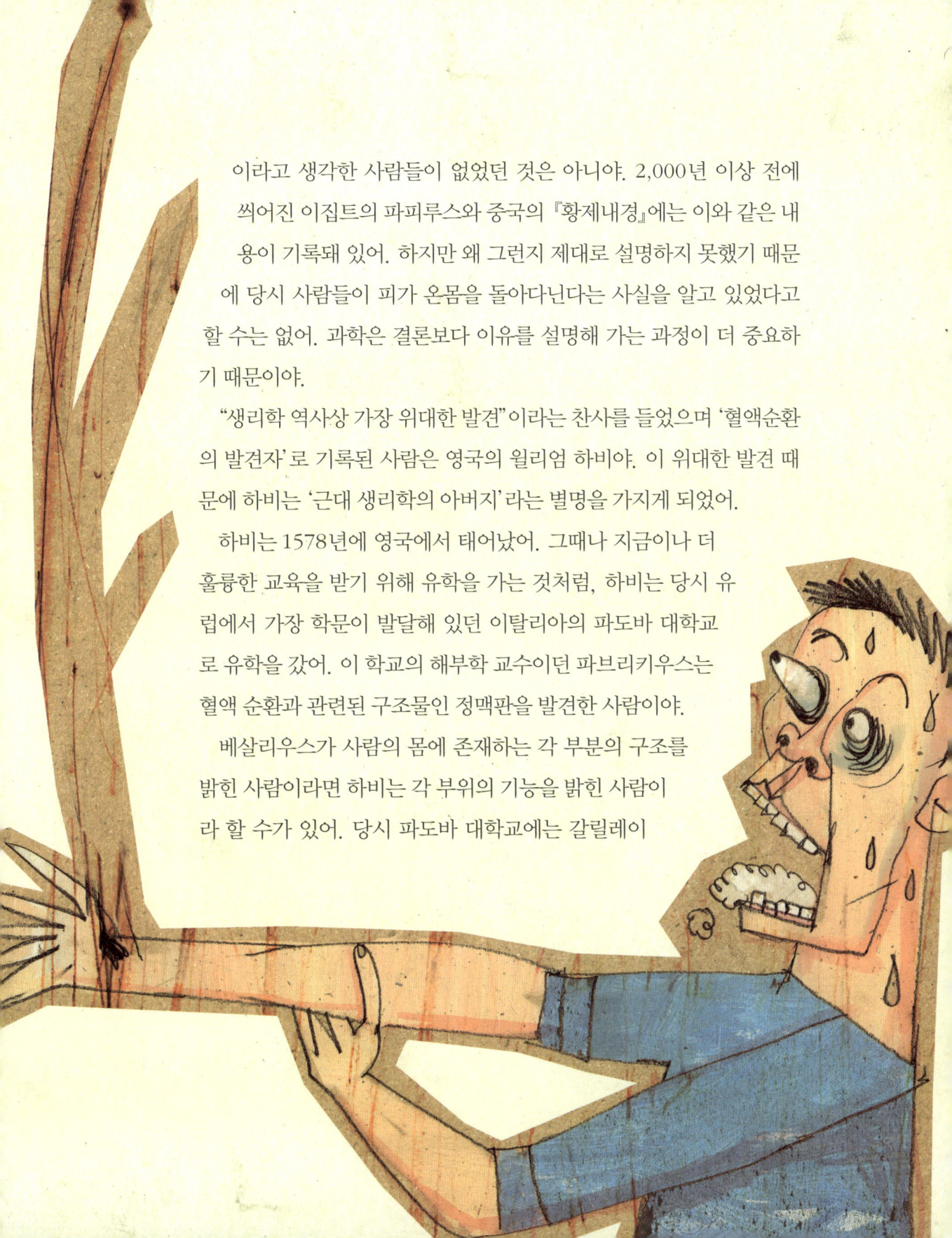

이라고 생각한 사람들이 없었던 것은 아니야. 2,000년 이상 전에 씌어진 이집트의 파피루스와 중국의 『황제내경』에는 이와 같은 내용이 기록돼 있어. 하지만 왜 그런지 제대로 설명하지 못했기 때문에 당시 사람들이 피가 온몸을 돌아다닌다는 사실을 알고 있었다고 할 수는 없어. 과학은 결론보다 이유를 설명해 가는 과정이 더 중요하기 때문이야.

"생리학 역사상 가장 위대한 발견"이라는 찬사를 들었으며 '혈액순환의 발견자'로 기록된 사람은 영국의 윌리엄 하비야. 이 위대한 발견 때문에 하비는 '근대 생리학의 아버지'라는 별명을 가지게 되었어.

하비는 1578년에 영국에서 태어났어. 그때나 지금이나 더 훌륭한 교육을 받기 위해 유학을 가는 것처럼, 하비는 당시 유럽에서 가장 학문이 발달해 있던 이탈리아의 파도바 대학교로 유학을 갔어. 이 학교의 해부학 교수이던 파브리키우스는 혈액 순환과 관련된 구조물인 정맥판을 발견한 사람이야.

베살리우스가 사람의 몸에 존재하는 각 부분의 구조를 밝힌 사람이라면 하비는 각 부위의 기능을 밝힌 사람이라 할 수가 있어. 당시 파도바 대학교에는 갈릴레이가 물리학 교수로 있으면서 실험의 중요성을 강조했는데 하비도 베살리우스와 갈릴레이의 영향을 받아 실험과 관찰의 중요성을 실감하고 있었어.

유학을 마치고 교수가 되어 모교인 캠브리지 대학교로 돌아온 하비는 특히 심장과 혈액 연구에 관심을 쏟으며 연구를 진행했어. 파브리키우스는 "정맥에 존재하는 혈액이 심장을 향해 흘러가고 있으며, 거꾸로 흘러가지 못하도록 하기 위해 존재하는 마개가 바로 정맥판이다"라고 주장했어. 하비는 파브리키우스의 이론이 옳다고 생각하면서 심장이 우리 몸에서 가장 중요한 기능을 하고 있는 '신체의 왕'이라고 생각했어. 그는 피가 심장을 통해 온몸을 순환할 것이라는 가설을 세우고는 어떻게 하면 이를 증명할 수 있을 것인지 골몰했어.

시체를 해부해 보니 심장으로 들어가거나 나오는 동맥과 정맥이 나뭇가지처럼 곳곳으로 가지를 치며 뻗어 있는 것을 관찰할 수 있었어. 맨눈으로 사람의 피부를 살펴봐도 혈관이 보이지? 이 혈관을 살짝 만져 보거나 눌러 보면 피가 흘러가는 것을 느낄 수가 있잖아. 하비는 토끼나 개구리 같은 동물을 해부하여 피가 어떻게 흘러가는지를 관찰했어. 그리고는 피가 온몸을 잇따라 돌아다니고 있다는 것이 사실이라는 확신을 가질 수 있었어. 그런데 문제는 증명하기가 어렵다는 거야.

잠시 다른 이야기를 해 볼게. 맥박이 뭔지 아니? 혈관에 살짝 손을 대 보면 혈관이 팔딱팔딱 뛰는 것을 알 수 있어. 이게 바로 맥박이야. 맥박은 심장이 뛴다는 것을 말해 줘. 심장이 뛴다는 것은 심장이 피를 혈관으로 내보내는 걸 가리키지. 심장박동에 의해 혈관으로 밀려 나온 혈액은 혈관에 일정한 간격을 두고 되풀이해서 자극을 주게 되는데 이걸 손가락 끝 부분으로 느낄 수 있는 거야. 잘 모르겠으면 100미터 달리기를 한 후에 손가락 끝을 가슴에 살짝 대 봐. 그러면 심장이 뛰는 걸 확실히 느낄 수 있을 거야.

맥박은 사람마다 차이가 있지만 어린이의 경우는 보통 1분에 70~100회 정도 뛰어. 1분에 75회 뛴다고 하면 하루에는 75×60×24=108,000번이나 뛴다는 계산이 나오지. 사람을 포함한 포유동물의 심장은 두 개의 심방과 두 개의 심실로 이루어져 있는데 좌심실이 수축하면서 좌심실에 들어 있는 피가 대동맥을 통해 빠져 나가게 돼. 좌심실의 부피가 50밀리리터라고 가정하면 5,400,000밀리리터(=5,400리터)에 해당하는 피가 매일 심장에서 우리 몸 곳곳으로 보

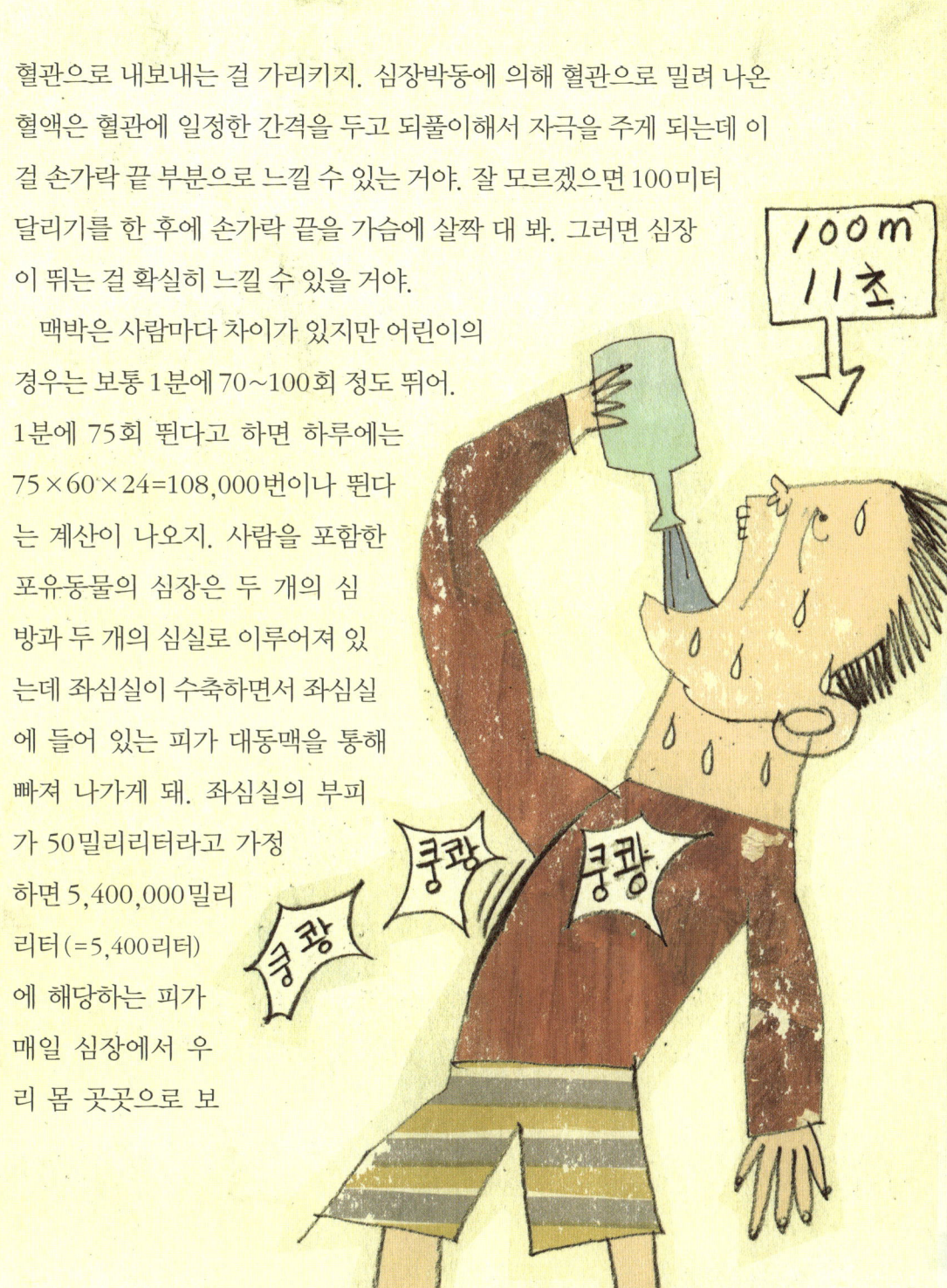

내지는 셈이지. 사람의 체중을 60킬로그램이라 가정하면 매일 그 사람의 90배에 해당하는 피가 심장에서 나온다는 것인데, 심장에서 이렇게 많은 양의 피가 매일 만들어지는 것은 불가능하다는 것이 하비의 생각이었어.

하비는 정맥피가 몸속으로 흡수된다는 갈레노스의 이론을 믿을 수가 없었어. 빨간색으로 보이는 동맥피와 푸르스름한 빛을 띠고 있는 정맥피는 본질적으로는 같은 것이며 한 바퀴를 돌면 동맥피가 정맥피가 되고, 정맥피가 동맥피가 된다는 것이 그의 생각이었어. 자신의 생각을 확인하기 위해 하비는 뱀의 혈관을 묶는 실험을 해 보았어. 이 실험을 통해 하비는 대동맥을 묶으면 심장에 피가 모이고, 대정맥을 묶으면 심장이 비는 현상을 발견했어. 이것은 심장의 피가 대동맥을 통해 빠져나갔다가 대정맥을 통해 다시 심장으로 돌아오는 것을 보여 주는 실험이었어. 이 실험으로 피가 혈관을 통해 한 방향으로 흘러간다는 것이 증명된 셈이야.

하비는 생각했어.

'뱀에게 물렸을 때 뱀의 독이 온몸에 퍼지는 것은 피가 온몸을 순환하기 때문일 거야.'

하비는 혈액순환이 틀림없는 사실이라는 확신을 가질 수 있었어. 하비가 확신을 가진 것은 1616년의 일이지만 그로부터 12년 동안 여러 가지 방법으로 더 연구를 한 후 1628년에 하비는 『심장의 운동』이라는 책을 발표했어. 이 책에서 심장과 혈관의 모양, 하루에 심장을 통해 빠

하비가 치료하는 모습을 담은 스테인드글라스

져 나가는 혈액의 양, 뱀을 비롯하여 실험동물을 이용하여 알게 된 증거를 제시하면서 혈액이 순환한다고 주장했어. 이것이 바로 오늘날 그를 '근대 생리학의 아버지'라 부르게 된 계기야. 그가 뛰어난 학자인 이유는 해부학적 관찰과 독창적인 이론을 실험을 통해 유추하고, 정량화하는 데 성공함으로써 과학적인 결과를 이끌어 내는 다양한 방법을 함께 제시했기 때문이야. 그의 연구 방법은 학문의 수준을 한 단계 더 끌어올렸다는 평가를 받게 해 주었어.

그런데 그가 1657년에 눈을 감을 때까지 해결하지 못한 문제가 하나 있었어.

"심장에서 빠져 나간 피가 동맥을 통해 퍼져 나간 후 정맥을 통해 심장으로 돌아오는 건 분명한데, 동맥피가 어떻게 해서 정맥으로 들어가는 걸까?"

하비는 끝내 이것을 풀지 못했단다. 이 문제는 하비가 세상을 떠난 후 4년이 지난 다음에야 풀렸어. 혹시 말피기라는 이름을 들어 본 적 있니? 곤충과 절지동물의 몸에서 배설을 담당하는 부위를 말피기관이라고 하는데 이 이름은 이탈리아 볼로냐 대학교에서 해부학 교수를 지내며 여러 가지 발견을 한 마르첼로 말피기의 이름에서 유래한 것이야.

그는 1661년에 동맥과 정맥이 연결되는 모세혈관을 처음 발견하여 혈액이 순환한다는 사실을 완성했어. 심장에서 동맥으로 빠져 나간 피는 점점 더 작은 동맥으로 이동한 후 눈에 보이지 않을 만큼 작은 모세혈관을 통해 아주 작은 정맥으로 이동했던 거지. 정맥에서는 점점 더 큰 정맥으로 피가 이동하면서 폐를 거쳐 결국에는 심장에 이르게 되는 거야.

하비가 여러 가지 방법으로 혈액이 온몸을 순환하고 있다는 증거를 제시하긴 했으나 이 내용을 비판한 사람들도 물론 있었어. 그러나 뒤를 이은 학자들이 여러 가지 방법으로 반박하려고 해도 계속해서 혈액이 순환한다는 결과만 얻을 수 있었어. 그래서 하비는 위대한 의학자로 남을 수 있게 된 거야.

우표로 보는 의학사 01

1 아스클레피오스

고대 그리스의 의술의 신이에요.

2 히포크라테스

의학의 아버지.
신에게 질병치료를 요청하던
것을 사람의 힘으로 고칠 수
있다고 주장했어요.

3 아리스토텔레스

"세상은 질병과 건강을 설명하고
치료할 수 있는 거대한 흐름 속에
존재한다"고 주장했어요.

기원전 10세기

기원전 400년

기원전 350년

200년

4 갈레노스

의학에서 실습의 중요성을
강조했어요. 수많은 저서를
남기고 중세가 끝날 때까지
영향력을 발휘했어요.

5 아비센나

의학대사전을 집필했어요.
페르시아에서 활약한 중세
최고의 의사예요.

7 베살리우스

해부학의 아버지.
갈레노스의 의학을 비판함으로써
의학이 한 단계 더 발전할 수
있는 기틀을 마련했어요.

1543년

1000년

1628년

1557년

1500년

6 파라셀수스

의화학자. 수많은
약물요법을 개발했어요.

8 파레

외과학의 아버지.
외과 수술법과
처치법을 개발했어요.

9 하비

생리학의 아버지.
혈액이 온몸을 순환하고
있음을 발견했어요.

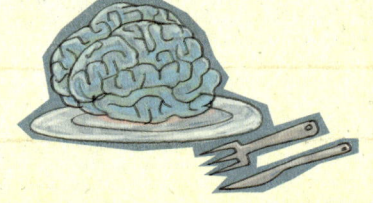

2장 엽기적인, 너무나 엽기적인 의학의 역사

어떤 사람이 병에 걸려 고통을 겪고 있다고 가정해 보자구. 배를 움켜쥐고 데굴데굴 구르면서 살려 달라고 하면 누구라도 나서서 도와주고 싶지 않겠어?
이럴 때 얼른 나서서 응급실에 데려다 주었을 때 의사가 "조금만 늦었어도 큰 일이 생길 뻔했습니다"라고 칭찬해 준다면 안심이 되면서 보람도 느낄 거야. 그런데 만약 보호자가 나타나서 "환자 가방은 어디다 두고 환자만 데려 왔느냐"며 큰소리를 친다면 기분도 나쁘고 무척 황당할 거야.

의학의 역사에는 참으로 황당한 일들이 많았어. 바빌로니아에서는 의사가 치료했는데도 결과가 좋지 않았을 때는 그에 해당하는 만큼 의사가 책임져야 하는 법이 있었어. 한 가지 예를 들자면 중한 병에 걸린 환자를 잘못 치료하여 환자를 죽게 하거나 시력을 잃게 하면 의사의 손을 자른다고 되어 있어. 이랬으니 의

무서운 시대였어

사가 소신껏 진료를 할 수가 있었겠어?

불과 200년 전만 해도 질병을 치료하기 위해 피를 뽑는 것은 흔한 일이었어. 당시 최고의 의사들도 현대의학으로 보자면 이유 없이 환자의 피를 뽑곤 했어. 피를 뽑아서 병이 낫지 않으면 더 많이 뽑아냈고, 그러다 환자가 죽으면 '피를 너무 적게 뽑아서 환자가 죽었으니 다음에는 더 많이 뽑아야겠다'라고 생각할 정도였어. 지금으로서는 황당하기 이를 데 없는 치료법이지만 당시에는 이게 아주 훌륭한 치료법으로 받아들여졌어. 의학의 역사가 참으로 엽기적이라 하지 않을 수 없지.

오늘날 의학의 발전 속도는 200년 전보다 적어도 몇 배는 더 빠를 거야. 어쩌면 50년 후에 후대의 의학자들이 오늘날의 의학을 돌이켜 보면 "무슨 그런 이상한 치료법이 다 있지?"라고 황당해할 수도 있을 거야. 강조하고 싶은 건 아무리 지금 현재 진리라 해도 나중에는 엉터리로 판명될 수 있으니 항상 새로운 진리를 찾기 위해 노력해야 한다는 거야. 그런 과정에서 발전이 이루어지는 것이거든.

01 이에는 이, 눈에는 눈

　수천 년 전 지구에 사는 사람들이 원시적인 생활에서 채 벗어나지 못하고 있을 때 지구 상의 네 곳에서는 꽤 발전된 문명을 가지고 있었어. 이를 4대 고대문명이라 하는데 중국, 인도, 이집트, 메소포타미아 지방이 바로 그곳이야. 메소포타미아 지방은 오늘날 이라크를 중심으로 하는 중동 지방을 가리켜.

　메소포타미아 지방에서는 티그리스 강과 유프라테스 강 주변으로 문명이 발전하기 시작했어. 이 지역에서는 기원전 약 4천 년경, 수메르를 중심으로 한 도시 문명이 발전하면서 문자가 사용되기 시작했지. 메소포타미아 문명을 바빌로니아 문명이라고도 해. 바빌로니아 사람들은 문자를 이용하여 점토판에 여러 기록을 남겨 놓았어. 이 기록에 따르면 기원전 약 3천 년경에 바빌로니아 지역에 의사를 직업으로 하는 사람들이 있었다는 사실을 알 수가 있어.

바빌로니아 지역에서 문명이 발전하던 그 당시 사람들 대부분은 '질병은 신이 내린 벌'이라고 생각했어. 바빌로니아에서 의학을 담당하는 신은 신 중에서 가장 영향력이 큰 신인 마르두크의 아들 나부였어. 나부는 의학을 포함해 모든 기예를 맡은 신이었지. 아스클레피오스의 상징이라 할 수 있는 지팡이를 감고 있는 뱀의 문양은 바빌로니아에서도 이미 사용되고 있었어.

바빌로니아 사람들이 신화처럼 여긴 이야기를 하나 소개해 볼게.

사람들은 질병을 악마가 사람에게 전해준 것이라 생각했어. 사람들이 가장 두려워한 악마는 부주의함을 일으키는 일곱 악마였어. 그래서 의사라는 직업을 가진 사람들도 7로 나누어지는 날에는 진료를 하지 않았대. 의사들은 환자가 왜 고통을 겪고 있는지 그 증상을 관찰하기는 했지만, 가장 많이 이용된 치료 방법은 점을 치는 것이었어. 이외에 자신이 저지른 죄에 대한 참회, 신을 향한 기도, 종교적 의식이 치료 방법이었어.

질병에 대한 지식이 늘어가면서 동물 분비물, 식물, 광물을 약제로 사용했어. 그러나 그 효과는 믿을 수가 없었지. 외과 수술에 사용된 것으로 생각되는 칼이 발굴되거나 수술도구에 대한 기록이 발견되기도 했어.

당시에 의사가 되기 위해서는 의학교에서 교육을 받았는데, 그 의학교는 나부의 신전을 중심으로 발달했어. 꼭 그리스에서 아스클레피오스의 신전이 발달한 것과 비슷하지. 질병에 걸린 사람을 따로 떼어 놓는 풍습도 있었는데 그 이유는 악마의 눈을 피하기 위해서야.

바빌로니아 시대의 법전을 보면 당시 의술이 어떻게 행해졌는지 추측할 수 있어. 기원전 약 2250년경에 이 지역을 통치한 함무라비 왕은 법전을 만들어 놓고 이에 따라 통치했어. 왕의 이름을 딴 함무라비 법전은 현존하는 법전 중 가장 오래된 법전이야. 이 법에는 의료와 관련된 내용이 일부나마 기록으로 남아 있어서 당시 의술과 사고를 일으킨 의사를 어떻게 처리하는지에 대한 기록을 볼 수 있어. 재미있는 것은 당시가 평등이 아닌 계급사회였던 까닭에 신분에 따라 의사가 책임져야 하는 정도가 달랐다는 점이야. 오늘날의 평등사상과는 거리가 있지.

어떤 기록이 있냐고? 글쎄, 의사가 환자를 치료하다가 환자를 죽게

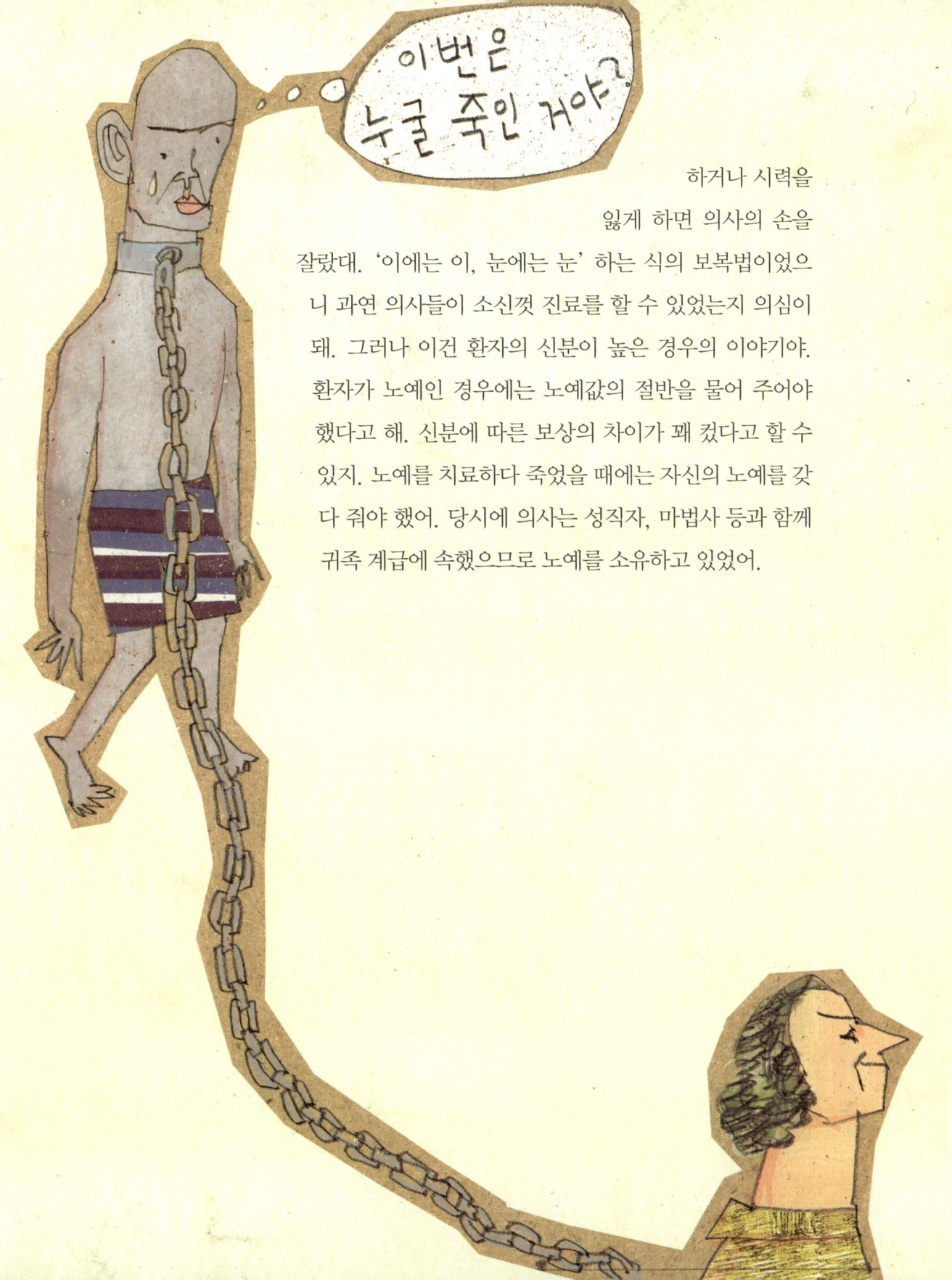

하거나 시력을 잃게 하면 의사의 손을 잘랐대. '이에는 이, 눈에는 눈' 하는 식의 보복법이었으니 과연 의사들이 소신껏 진료를 할 수 있었는지 의심이 돼. 그러나 이건 환자의 신분이 높은 경우의 이야기야. 환자가 노예인 경우에는 노예값의 절반을 물어 주어야 했다고 해. 신분에 따른 보상의 차이가 꽤 컸다고 할 수 있지. 노예를 치료하다 죽었을 때에는 자신의 노예를 갖다 줘야 했어. 당시에 의사는 성직자, 마법사 등과 함께 귀족 계급에 속했으므로 노예를 소유하고 있었어.

또 법전에는 의료비에 대한 내용도 나와 있어. 예를 들면 의사가 귀족을 치료하여 종양을 제거하는 경우, 또 환자의 눈을 보존할 경우에는 은 10세켈을 받는다고 되어 있어. 그런데 환자가 노예일 경우에는 은 2세켈밖에 받지 못했지. 비용이 싼 만큼 잘못되었을 경우의 보복도 작았어.

의술 외에 사고에 따른 보상도 보복법의 정신을 따랐어. 예를 들면 보통 사람들이 귀족의 눈을 멀게 하면 가해자의 눈도 멀게 했고, 이를 부러뜨리면 가해자의 이를 부러뜨린다는 내용이야. 그런데 여기에서도 신분이 중요했어. 귀족이 평민의 이를 부러뜨릴 때 은 3분의 1미나를 지불해야 한다는 규정만 봐도 신분에 따라 보복의 수준에 차이가 있었다는 것을 알 수 있어.

그런데 과연 이런 법의 내용이 실제로 잘 지켜졌는가에 대해서는 의문의 여지가 있어. 왜냐 하면 당시에는 의술이 꽤 활발히 행해졌기 때문이야. 이 법이 제대로 지켜졌다면 의사들은

나? 의사야

자신을 보호하기 위해서라도 의술을 활발하게 펼칠 수 없었을 거야. 현재의 의학 역사학자들은 아무리 기록으로 남아 있다 해도 이 법이 제대로 지켜지지는 않았을 것이라 추측하고 있어.

그리스의 역사가 헤로도투스는 바빌로니아 의학에 대하여 "그 시대에는 의사가 없어서 환자가 발생하면 사람들이 붐비는 거리에 데려가 환자를 눕혀 놓았고, 지나가는 사람들은 그 환자의 이야기를 듣고 자신이 그 병에 걸린 경험이 있으면 치료법을 가르쳐 주어야 했다"라고 기록해 놓았어. 하지만 헤로도투스의 이 말을 뒷받침하는 자료가 전혀 없어서 이것이 사실인지 아닌지 확인하기는 어려워.

혹시 나중에 의사가 되려고 마음먹고 있는 친구들은 바빌로니아에서 의사가 되지 않은 걸 다행으로 여겨야 하겠지?

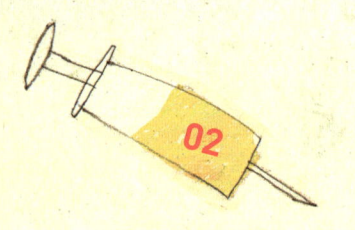

구멍 뚫린 위, 인체의 비밀을 밝히다

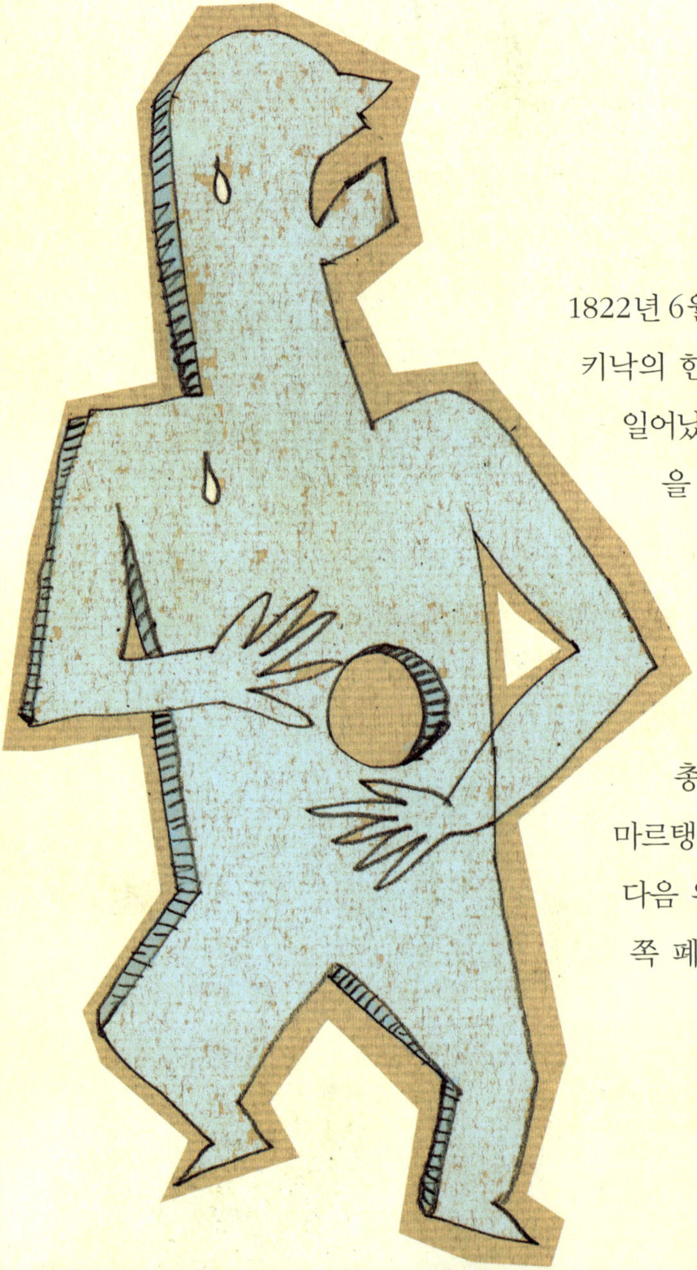

1822년 6월 6일, 미국 미시건 주 포트매키낙의 한 마을에서 총기오발 사고가 일어났어. 모피 제작에 사용할 동물을 사냥하기 위해 덫을 놓고, 사냥 도구를 운반하는 일을 하고 있던 청년 알렉시스 마르탱은 불과 1미터도 안 되는 거리에서 발사된 총알에 맞고 만 거야. 이 총알은 마르탱의 왼쪽 옆구리를 뚫고 들어온 다음 위에서 5, 6번째 갈비뼈와 왼쪽 폐의 아랫부분을 통과했어. 이

사고로 마르탱의 위 앞쪽에 구멍이 생겼어.

　미국의 도시 이름 중에 '포트'라는 말이 붙은 곳이 많은데 이런 도시는 주로 오래 전에 군대가 주둔하고 있던 곳이야. 포트매키낙은 작은 도시여서 의사가 많지 않았어. 다행히 사고가 난 지점이 군대에서 멀지 않은 곳이어서 사고 발생 직후에 곧 외과 의사가 달려왔어. 그는 포트매키낙에 있던 유일한 외과 의사 윌리엄 보몬트였어.

　'상처가 너무 크구나. 과연 환자가 살아날 수 있을까?'

　보몬트는 마르탱의 상처 부위를 닦으며 상처가 얼마나 큰지, 현재 어떤 상황인지 파악하려고 했어. 치료가 쉽지는 않았지만 보몬트는 최선을 다해 응급처치를 했어. 상처는 아주 깊어서 치료가 쉽지 않았어. 보몬트는 상처 부위에 흘러나온 분비물을 닦아 내고, 이차감염이 일어나지 않도록 상처 부위를 막았어. 그러나 상처 부위가 손바닥보다 커서 보몬트는 치료에 대한 확신이 없었어. 그때 보몬트가 남긴 기록의 일부를 소개할게.

> 나는 어떤 처치를 해도 생명을 구하려는 것은 전적으로 쓸모없는 짓이라는 것을 알았다. 그러나 내 능력이 닿는 한 모든 수단을 이용하는 것이 의무라고 생각해 왔으므로 생명을 구하기 위해 노력했다. 상처 부위를 깨끗이 한 후 표면을 씻었지만 이러한 방법이 그를 20분 이상 살릴 수 있을 것이라고는 생각하지 않았다.

그런데 다행스럽게도 보몬트의 예측이 틀렸어. 기적이 일어난 거야. 마르탱은 상처가 컸지만 다행히 피를 많이 흘리지 않았거든. 상처 부위에 질병을 일으키는 미생물이 침입하지 않은 것도 크나큰 행운이었어. 느리기는 하지만 마르탱은 서서히 회복되기 시작했어.

사고가 발생한 지 4주가 지나자, 위에 뚫린 구멍 부위에 서서히 조직이 되살아나기 시작했어. 위가 완전히 정상 모양을 찾은 것이 아니라 구멍이 남아 있어서 입을 통해 들어온 음식물이 완전히 소화되지 못한 채 뚫린 구멍을 통해 몸 밖으로 빠져 나오는 일이 가끔씩 발생하기는 했지만 말이야. 그런 가운데서도 구멍이 서서히 닫혀 가는 모양을 보여 준 거야. 구멍이 완전히 막힌 것은 아니지만 소화 기능은 서서히 정상으로 회복되어 갔어. 얼마 후 재생된 조직은 위의 뚜껑 같은 모양을 하게 되었어. 그래서 손가락으로 재생된 부분을 누르면 위 내부를 들여다 볼 수 있는 모양이 되었어.

입으로 들어온 음식이 소화되려면 소화효소가 필요해. 탄수화물은 아밀라제, 지방은 리파아제, 단백질은 펩신이라는 소화효소에 의해 분해되는 거야. 그런데 1822년에는 이런 사실이 하나도 알려지지 않은 상태였어. 그때까지 소화에 대한 연구라고는 식도를 따라 입으로 올라온 위액에 음식물을 한데 섞은 다음 음식물이 어떻게 되는지 관찰하는 것이 전부였어. 실험 조건이 사람 몸속의 위에서 일어나는 상황과 같지 않으므로 정확한 결과를 얻는 것은 불가능한 일이었지. 하지만 다른 방법이 없었어.

총기오발 사고가 일어난 후 마르탱은 오랜 기간에 걸쳐 보몬트에게 치료를 받았어. 꽤 많은 시간이 흘러서 몸이 어느 정도 낫자 이제는 마르탱이 일상생활로 돌아가야 할 때가 되었어.

"마르탱, 사람의 몸속에 들어온 음식이 어떻게 소화되는지를 연구하고 싶은데 내 청을 들어주겠소?"

"물론입니다. 보몬트 선생님, 제가 어떻게 도와드리면 될까요?"

보몬트는 소화 과정의 원리를 알기 위한 연구를 도와달라고 마르탱에게 부탁했고 마르탱은 보몬트의 제의를 흔쾌히 받아들였어. 그리하여 마르탱은 1825년부터 네 차례에 걸쳐 보몬트가 진행하는 임상실험의 실험 대상이 되었어.

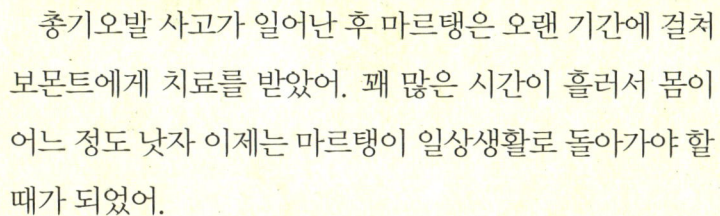

보몬트는 뚜껑 역할을 하고 있는 위의 재생조직을 열고 실로 매단 음식물을 위에 넣는 것으로 연구를 시작했어. 그리고 시간 변화에 따라 이 음식물이 어떻게 변화하는지, 위에서 채취한 소화액이 온도를 비롯한 여러 가지 환경의 변화에 기능이 어떻게 변화하는지, 시험관에 위액을 넣은 후 각종 음식물을 집어 넣어 소화되는 과정을 연구하는 등 다양한 연구를 진행했어. 가장 큰 발견은 소화시켜야 할 음식이 위에 들어온 경우에만 위액이 산성을 띤다는 사실이었어.

여러 해에 걸쳐 연구를 진행하는 동안 보몬트는 멀리 이사를 가기도 했지만 마르탱은 먼 길을 오가며 그의 연구에 협조했어. 보몬트는 연구 결과를 모아서 1833년에 「위액과 소화생리의 실험과 관찰」이라는 논문을 발표했어. 이 논문에서 보여 준 실험 방법은 훗날 클로드 베르나르나 이반 파블로프 등 유명 학자들이 훌륭한 연구 결과를 얻는 데 큰 자극제가 되었어. 그의 연구 방법은 생리학에서 실험의 중요성을 강조해 주었고, 훗날 실험생리학이 탄생하는 데 큰 역할을 했어. 마르탱은 큰 대가를 받지 않은 채 생명의 은인이라고도 할 수 있는 보몬트의 연구에 적극 협조함으로써 의학 역사의 한 획을 긋는 연구의 주인공이 되었어.

"전 다시 캐나다로 떠납니다. 필요하면 또 불러 주세요."

1833년에 네 번째 실험을 마친 후 마르탱은 재회를 기약하며 캐나다로 떠났어. 그러나 그 후 보몬트가 죽을 때까지 둘은 만나지를 못했어. 마르탱은 나이가 들면서 술을 즐겨 마셨다고 해. 그래서인지 위의 뚜껑 주변에 문제가 생겨 고생하기도 했지만 총기 사고 후 58년이나 더 살았으니 건강한 일생을 보냈다고 할 수 있어.

질병이 잘 치료되려면 의사와 환자의 신뢰감이 무엇보다 중요해. 그런데 보몬트와 마르탱은 치료를 끝내고 장기간 연구를 진행했으니 이 둘은 참으로 긴밀한 관계를 유지했다고 할 수 있어. 아주 저명한 의학 역사 연구자인 존 탤벗은 이 둘의 관계를 "의학 역사상 가장 유명한 의사와 환자의 관계"라고 했어.

03 피를 뽑아내는 게 치료법이라고?

혹시 소화가 안 될 때 바늘로 손가락 끝을 찔러서 피가 몇 방울 흐르게 하는 것을 본 적이 있니?

이런 방법으로 피를 몇 방울 흘리고 나면 소화가 안 되고 막혀 있던 것이 시원하게 내려간다고 하는 사람들이 꽤 있어. 이건 우리나라에서 오래 전부터, 갑자기 소화가 안 되는 경우에 그 해결책으로 사용하던 방법인데 과학적인 근거가 없어서 의학 책에는 나오지 않아.

만약에 잘못해서 바늘로 손가락을 너무 세게 찔러서 피가 많이 흘러 나오면 어떻게 될까? 생각만 해도 아프고 몸서리가 쳐지지?

맞아. 피는 사람의 몸에서 아주 중요한 기능을 하기 때문에 함부로 버리는 것은 무척이나 아까운 일이야. 또 피는 온몸을 돌아다니므로 만약에 피가 흐르는 곳으로 병을 일으키는 미생물이 침입하면 몸에 병이 나는 것은 두말할 것도 없어.

그런데 의학이 발전하지 않았던 옛날에는 피를 뽑는 것을 치료 방법으로 이용했어. 이를 '사혈(피를 쏟는다)' 또는 '방혈(피를 내보낸다)'이라 하지. 지금으로 보면 참으로 무식한 방법이야. 하지만 사혈은 히포크라테스 이전부터 20세기 초까지 질병 치료를 위해 사용되었으니 아주 긴 역사를 자랑하는 치료법의 하나였어.

사혈이 질병을 치료할 수 있다고 생각한 사람들의 논리는 단순했어. "피가 너무 많으니까 빼내자", "코피가 흐르는 경우 얼른 멈추지 않으면 오른팔의 정맥피를 빼내자. 그러면 코로 가는 피의 양이 줄어들어 피가 멈추게 된다", "혈관에 열이 나는 경우 혈관의 피를 빼내면 열이

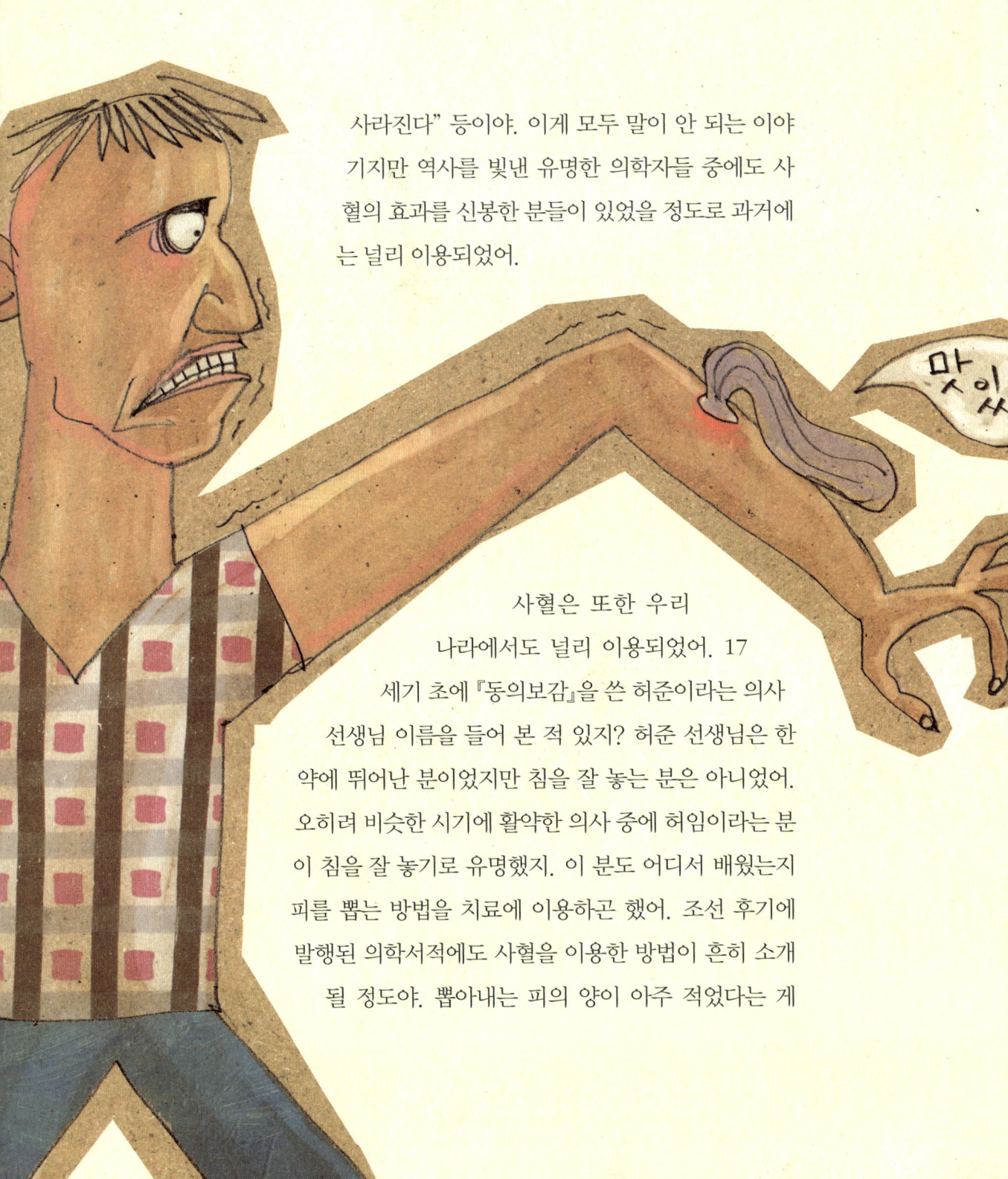

사라진다" 등이야. 이게 모두 말이 안 되는 이야기지만 역사를 빛낸 유명한 의학자들 중에도 사혈의 효과를 신봉한 분들이 있었을 정도로 과거에는 널리 이용되었어.

사혈은 또한 우리 나라에서도 널리 이용되었어. 17세기 초에 『동의보감』을 쓴 허준이라는 의사 선생님 이름을 들어 본 적 있지? 허준 선생님은 한약에 뛰어난 분이었지만 침을 잘 놓는 분은 아니었어. 오히려 비슷한 시기에 활약한 의사 중에 허임이라는 분이 침을 잘 놓기로 유명했지. 이 분도 어디서 배웠는지 피를 뽑는 방법을 치료에 이용하곤 했어. 조선 후기에 발행된 의학서적에도 사혈을 이용한 방법이 흔히 소개될 정도야. 뽑아내는 피의 양이 아주 적었다는 게

서양 의사들과 다른 차이점이지.

앞에서 히포크라테스와 갈레노스가 질병이 우리 몸에 들어 있는 액체의 균형이 맞지 않아서 발생한다는 4체액설을 주장했다는 이야기를 했잖아. 4체액에 피가 포함되니 피에 이상이 생겨 질병이 생기는 경우 피의 이상을 고쳐 주려고 생각한 것은 당연한 일이야. 히포크라테스의 제자들은 간에 이상이 생겼을 때는 오른쪽 팔꿈치 정맥에서, 비장에 이상이 생겼을 때는 왼쪽 팔꿈치 정맥에서 피를 뽑았어. 이것도 현대 의학에서 보면 아주 엉터리 치료법이야.

그런데 피를 뽑기 위해서는 어떤 방법을 사용했을까?

어쩌다 잘못해서 상처를 입으면 피가 흐르잖아. 오래 전부터 가늘고 작은 상처 때문에 흐르는 피는 꼭 누르기만 해도 쉽게 멈추지만 상처 부위가 크고 깊으면 피를 멈추게 하기 어렵고, 감염과 같은 다른 이상이 생길 수도 있다는 사실이 알려져 있었어. 그래서 효과적으로 피를 빼내기 위해 날카로운 것으로 정맥에 상처를 내거나 피부 표면을 잡아당겨서 상처를 낸 다음 피를 뽑는 방법을 사용했어. 바늘과 같이 날카로운 것으로 찔러서 피를 뽑는 방법은 부작용을 줄일 수 있지만 뽑아내는 피의 양이 너무 적어서 치료에 효과가 없다고 생각했기 때문에 사용하지 않았어. 16~18세기에는 거머리를 피부에 붙여서 피를 빨게 하는 방법이 사용되었는데 한 마리가 빠는 양이 극히 적어 당시의 의사들은 진료실에 거머리를 키우기도 했어. 참 징그러운 일이야.

옛날 사람들은 사혈을 할 때 얼마나 많은 양의 피를 뽑았을까?

오늘날과 같이 눈금이 그려진 용기에 피를 뽑아서 재 보지를 않았으니 정확한 내용은 알 수 없지만 약간 병이 깊다 싶으면 500밀리리터 이상 피를 뽑은 걸로 추정돼. 피를 뽑아도 병세가 나아지지 않으면 여러 차례에 걸쳐 뽑기를 반복했고, 때에 따라서는 2리터 정도의 피를 뽑은 경우도 있어서 사망하는 사람들도 많았어. 요즘의 1.5리터짜리 음료수보다 더 많이 뽑았다고 생각해 봐. 엄청난 양이지? 지금 같으면 그 의사는 치료를 잘못해서 환자를 죽였다는 이야기를 들어야 하겠지만 당시에는 이보다 더 좋은 치료법이 없다고 생각했어. 그래서 피를 뽑다 죽는 것은 어쩔 수 없는 일로 여겼어.

미국의 초대 대통령을 지낸 조지 워싱턴은 말년에 인후에 염증이 생겨 열이 나고 숨 쉬기가 곤란해졌어. 그러자 벤저민 러시라는 유명한 의사가 피를 뽑아야 한다고 판정했어. 그는 사혈을 전문으로 하는 의사 두 명을 불러 피를 뽑도록 했어. 그런데 병세가 호전되지 않자 수차례 반복해서 워싱턴의 피를 뽑게 했는데 당시 2리터 이상의 피를 뽑았다는 주장이 있을 정도야. 워싱턴 대통령은 피를 뽑은 후 얼마 지나지 않아 세상을 떠났고, 사망 원인이 무엇인지에 대해서는 논란이 있지만 피를 너무 많이 뽑아서 사망했다는 주장도 있어.

그런데 사혈이 반드시 효과가 없는 치료법일까? 꼭 그렇다고 할 수는 없어. 오늘날에 아주 드물게 사혈을 치료에 이용하는 경우가 있거든. 진성 적혈구 증가증과 같이 적혈구가 너무 증가하는 경우와 유전적으로 철 성분이 많아서 핏속에 철 성분이 증가되어 있는 경우에는 적혈구가 산소를 정상적으로 운반하기 어렵기 때문에 과다한 적혈구와 철 성분을 빼내기 위해 사혈을 치료에 이용해.

  한 가지 강조하고 싶은 건 히포크라테스가 세상을 떠난 후 고대 그리스의 에라시스트라투스를 비롯하여 여러 사람들이 사혈을 반대했다는 점이야. 반대를 한 사람들이 똑같은 이유를 내세운 것은 아니지만 이들은 꽤나 타당한 이유로 사혈을 반대했어. 그런데도 1900년대가 시작된 직후까지 피를 뽑는 것을 아주 훌륭한 치료법이라 생각했으니 혹시 오늘날의 의사들이 자신 있게 사용하는 치료법도 100년 후에는 엉터리 치료법이라고 비판받을지 몰라.

이게 최고야 ㅎㅎ

04 세상에나, 병균을 먹다니!

콜레라라는 병 이름을 들어 본 적 있니?

콜레라는 장티푸스, 세균성 이질과 더불어 오염된 물을 마실 때 전파되는 질병이야. 여름에 유행하는 3대 전염병 가운데 하나이지. 물을 끓여 먹지 않고 그냥 마실 때 물 속에 들어 있는 병균이 사람의 몸에 들어와서 병을 일으키는 거야. 요즈음도 생활환경이 덜 깨끗한 나라에서는 이와 같은 전염병이 수시로 유행을 하곤 해.

콜레라라는 질병은 수백 년 전까지만 해도 인도 주변에만 존재하던 질병이었어. 16세기가 되어서야 인도를 찾아온 유럽 사람들에 의해 유럽에 처음 알려졌지.

그런데 19세기가 되자 콜레라가 대유행을 하면서 멀리 퍼져 나가기 시작했어. 전염병은

사람의 면역 기능에 따라서 병의 강도가 결정되는데 면역력은 질병을 접한 경험이 있어야 강해져. 그래서 어떤 지역에 전염병이 처음 전파되는 경우에는 사람들의 면역 기능이 약해서 증상이 심하게 나타나는 것이 특징이야.

1817년에 인도를 출발한 콜레라는 당시 인도를 점령하고 있던 영국 군인과 실크로드를 따라 사막을 오가던 카라반이라는 상인에 의해 네팔, 스리랑카, 미얀마, 태국, 인도네시아, 중국, 필리핀 등 사방으로 퍼져 나갔어. 뒤를 이어 조선에도 전파되었고 중동 지방을 거쳐 아프리카 동부까지 세력을 넓혀 갔어. 그러나 유럽에는 이르지 못한 채 6년 만에 잠잠해졌지. 하지만 이걸로 끝난 게 아니었어.

1826년에 다시 인도를 출발한 콜레라는 유럽에 상륙했어. 이때는 러시아를 지나 시베리아까지 퍼져 나갔으며, 아프리카는 물론 미국과 캐나다에도 전해졌어. 당시 세계의 대부분 지역을 점령해 버린 셈이지. 두 번째 유행 때는 1837년이 되어서야 잠잠해졌지만 19세기가 끝나는 날까지 콜레라는 수시로 유행하면서 사람들을 공포에 몰아 넣었어. 지

금이야 물과 영양보충만 잘 해도 치료될 수 있다는 사실을 알고 있지만 당시에는 콜레라가 어떤 질병인지 몰랐어. 그래서 무조건 겁내고 피하다 보니 피해가 클 수밖에 없었어.

처음 보는 질병이 유럽을 휩쓸고 다니자 유럽의 여러 나라에서는 항구에 들어오는 배를 통과시키지 않고, 붙잡아 두는 방식의 검역을 실시했어. 전염병이 유행하는 지역에서 온 사람은 환자가 아니더라도 다른 사람에게 병을 일으킬 수 있다는 것이 알려져 있었기 때문이야.

19세기에는 전염병이 발생하는 이유를 '미아즈마설'로 설명했어. '미아즈마'란 나쁜 공기를 가리키는 말로, 미아즈마설은 전염병이 나쁜 공기에 의해 전해진다는 이론이야. 어떤 공기가 나쁜 공기인지에 대해서는 정확히 이야기하지 못한 채 전염병은 나쁜 공기에 의해 전해지므로 나쁜 공기를 피하면 예방할 수 있다는 것이 당시의 생각이었어.

콜레라가 온 나라를 혼란에 빠뜨렸을 때 프랑스에는 프랑시스 마장디라는 유명한 학자가 있었어. 마장디는 1831년에 "콜레라는 수입되거나 전염되는 것이 아니며, 더러운 환경, 공기 순환이 안 되고 햇빛이 안 들어오는 장소, 습도가 원인이므로 검역은 소용없다"라는 주장을 펼쳤어. 콜레라는 살아 있는 생명체에 의해 생기는 것이 아니라는 주장이지. 왜 그런 이야기를 했는지 모르지만 의학의 대가답지 않은 엉터리 주장이야.

영국에서는 존 스노가 1853년에 대단한 발견을 했어. 그는 영국의 수도인 런던에는 두 상수도 회사가 물을 공급하고 있었는데 한 회사의

물을 마신 사람들만 콜레라에 걸렸다는 사실을 발견한 거야. 스노는 콜레라가 수인성 전염병이라는 사실을 처음 알아낸 사람이야. 그런데 오늘날에는 스노의 발견이 대단한 발견이라는 점에 모두들 고개를 끄덕거리지만 당시에는 여전히 미아즈마설로 콜레라의 원인을 설명하려고 했어. 이미 학자와 행정가로서 스노보다 훨씬 큰 영향력을 발휘하고 있던 막스 페텐코퍼는 1854년에 "나는 물을 마시는 것이 콜레라의 원인이라는 이론을 폐기처분했다"는 보고서를 작성함으로써 스노의 업적을 인정하지 않았어.

19세기 중반에 프랑스의 루이 파스퇴르는 눈에 보이지 않는 작은 생물체인 미생물이 질병의 원인이 된다는 사실을 발견했어. 이 이야기는 뒤에 자세히 얘기해 줄게. 암튼 이때 대표적인 의학자는 탄저균과 결핵균을 발견한 독일의 로베르트 코흐였어. 1880년대에 이집트에서 콜레라가 유행하자 원인균을 찾기 위해 파스퇴르와 코흐의 연구팀이 파견되었어. 코흐는 파스퇴르의 연구팀보다 앞서서 1883년에 콜레라 환자에게서 콜레라를 일으키는 원인균을 찾아냈어. 그러나 독일에서 코흐 이상으로 영향력을 발휘하고 있던 페텐코퍼는 여전히 미아즈마설을 신봉하면서 코흐의 발견에 코웃음을 쳤어.

"나는 코흐의 발견을 인정할 수가 없어!"

자신의 이론이 옳으며 코흐가 발견한 원인균이 콜레라의 원인균이 아니라는 것을 증명하기 위해 페텐코퍼는 콜레라균이 포함된 용액을 직접 마셨어. 생각만 해도 끔찍하지 않니? 그런데 코흐를 비롯한 여러 사람들의 예상과 다르게, 페텐코퍼에게는 아무 일도 일어나지 않았어. 이걸 어떻게 설명할 수 있을까?

혹시 속이 안 좋아서 먹은 음식을 토해 본 적이 있니? 위에서 식도를 지나 목구멍을 거쳐 뭔가가 올라오면 아주 불쾌한 느낌이 들잖아. 입에 뭔가가 있으면 얼른 내뱉고 싶은 느낌 말이야. 음식물이 위에 들어가면 소화를 위해 위액이 분비되는데 위액에는 염산이라는 물질이 들어 있어. 염산은 아주 강한 산성을 띠고 있어서 우리 몸에 닿으면 아주 불쾌한 느낌을 일으켜. 식도나 입에서도 마찬가지야. 염산은 음식을 소화시키는 기능과 함께 음식을 통해 들어온 해로운 미생물을 죽이는 기능을 담당하고 있어.

페텐코퍼가 콜레라균을 벌컥 들이마셨는데도 콜레라에 걸리지 않은 것은 긴장한 상태에서는 위액 분비가 늘어나기 때문에 일어난 일이라 설명할 수 있어. 보통 때보다 위액 분비가 많아지면서 입으로 들어온 콜레라균이 위를 통과하지 못하고 위액에 의해 모두 멸균되어 죽어 버렸을 거라는 게 오늘날의 설명이야.

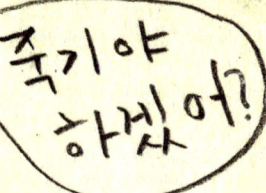

페텐코퍼는 직접 콜레라균을 마신 후 자신의 이론을 더 강력하게 주장했어. 그러나 다음 실험에서 자신의 제자가 콜레라균이 포함된 음료수를 마신 후 콜레라에 걸리자 코흐가 발견한 콜레라균이 콜레라의 원인이라는 사실을 인정할 수밖에 없었어. 결국 코흐가 옳았다는 것이 증명된 것이지! 때문에 미아즈마설은 꼬리를 내리게 되었어.

1884년에는 에스파냐의 사발 페란이 콜레라 예방접종법을 개발하여 콜레라 환자 발생을 획기적으로 줄이는 데 성공했어. 그러나 그는 자신이 개발한 예방접종법을 다른 사람들에게 가르쳐 주지 않았어. 에스파냐 이외의 다른 나라에서는 사용되지 않았지. 콜레라 해결에 큰 공헌을 한 학자는 프랑스 파스퇴르 연구소의 발데마르 하프킨이었어. 1893년, 그는 콜레라 예방접종법을 개발한 후 이를 널리 골고루 나눠 주었어. 페란보다 늦었지만 페란보다 하프킨의 이름이 오늘날 더 유명한 것은 바로 이 때문이야.

    과학에서 자신의 주장을 증명하기 위해, 어떤 경우에는 목숨을 걸고 연구하는 사람들을 보면 대단하다는 생각이 들지 않니?

    그런데 오늘날에는 이와 같은 실험은 윤리적으로 금지되어 있어. 사람의 생명을 걸고 연구를 하는 것은 바람직하지 못하다는 게 오늘날의 윤리 기준이거든. 페텐코퍼뿐 아니라 자신의 몸을 이용해 아주 훌륭한 연구 업적을 이룬 경우는 많이 있지만 이런 경우 학문적인 열정을 인정할 수는 있어도 훌륭하다고 할 수는 없어. 요즘에는 이런 무모한 연구보다는 조금 늦어지더라도 안전한 절차를 밟아 가는 연구를 권장하고 있단다.

    자, 이제 우리도 페텐코퍼처럼 목표를 위한 열정을 불태워 보는 게 어떨까?

이상한 병에 걸린 식인종

지금부터 약 50년 전 남태평양의 섬 파푸아뉴기니의 동부 산간오지에 사는 포레라는 종족에게서 특이한 질병이 발견되었어. 쿠루라는 질병인데 주로 여자와 어린이들에게 발생했어. 이 병에 걸리면 말을 제대로 못하게 되고, 걷는 자세가 불안정해지면서 걷는 일이 힘들어지다가, 곧 근육을 마음대로 움직이지 못하게 되고, 급기야는 치매에 걸린 것처럼 기억력, 판단력, 지적 능력이 모두 떨어져 폐인이 되다시피 하는 질병이었어. 이 병에 걸리면 보통 1년이 못 되어 세상을 떠났어.

1950년대에 오스트레일리아 출신의 빈센트 지가스라는 의사가 이 병을 처음 발견하여 세상에 알리자 오스트레일리아 정부는 마을을 봉쇄하여 포레 족이 밖으로 나오지 못하게 했어. 그리고는 의학자들을 보내 이 병의 원인이 무엇이고, 예방과 치료를 위해 어떻게 해야 할 것인지를 연구하게 했어.

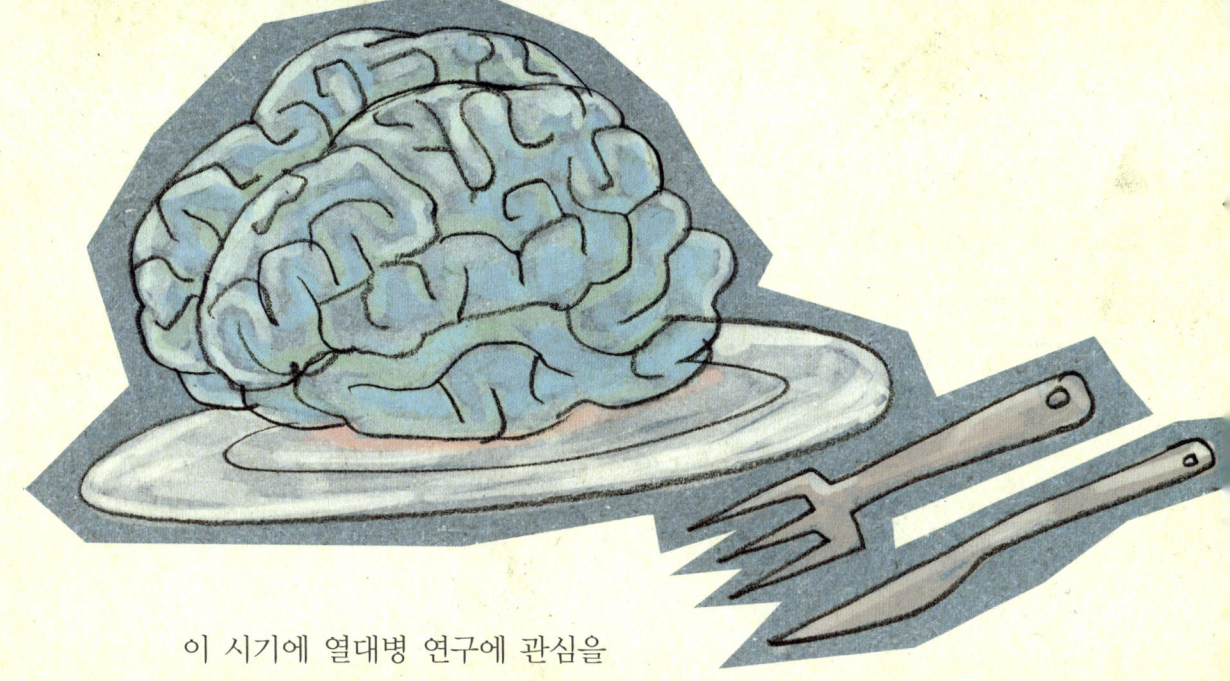

 이 시기에 열대병 연구에 관심을 가지고 오스트레일리아를 방문한 학자가 한 명 있었어. 그는 미국 하버드 대학교 의과대학 출신의 의학자 칼턴 가이듀섹이었어. 지가스는 가이듀섹에게 쿠루를 설명하면서 이 질병이 그때까지 발견되지 않은 새로운 질병이라는 이야기를 해 주었어. 쿠루에 관심을 가진 가이듀섹은 1957년에 동료들과 함께 포레 족이 거주하는 마을로 들어가 함께 살면서 쿠루의 원인을 찾고자 노력했어.

 2년 이상 머물며 포레 족의 생활습관을 관찰한 가이듀섹은 특이한 현상을 발견할 수 있었어. 포레 족은 가까운 친척이 세상을 떠나면 장례를 치르면서 사체를 떼어 먹는 식인습관이 있었던 거야. 이건 배가 고파 사람을 잡아먹는 것이 아니라 떠난 사람을 애도하면서 죽은 사람의 살을 나눈다는 생각으로 한 입을 떼어 먹는 성스러운 의식이었어. 그런데 쿠루는 특징적으로 여성과 어린이들에게서 잘 발생하고 남자 어른에게서는 잘 발생하지 않았어. 포레 족은 여성과 어린이들만 사체

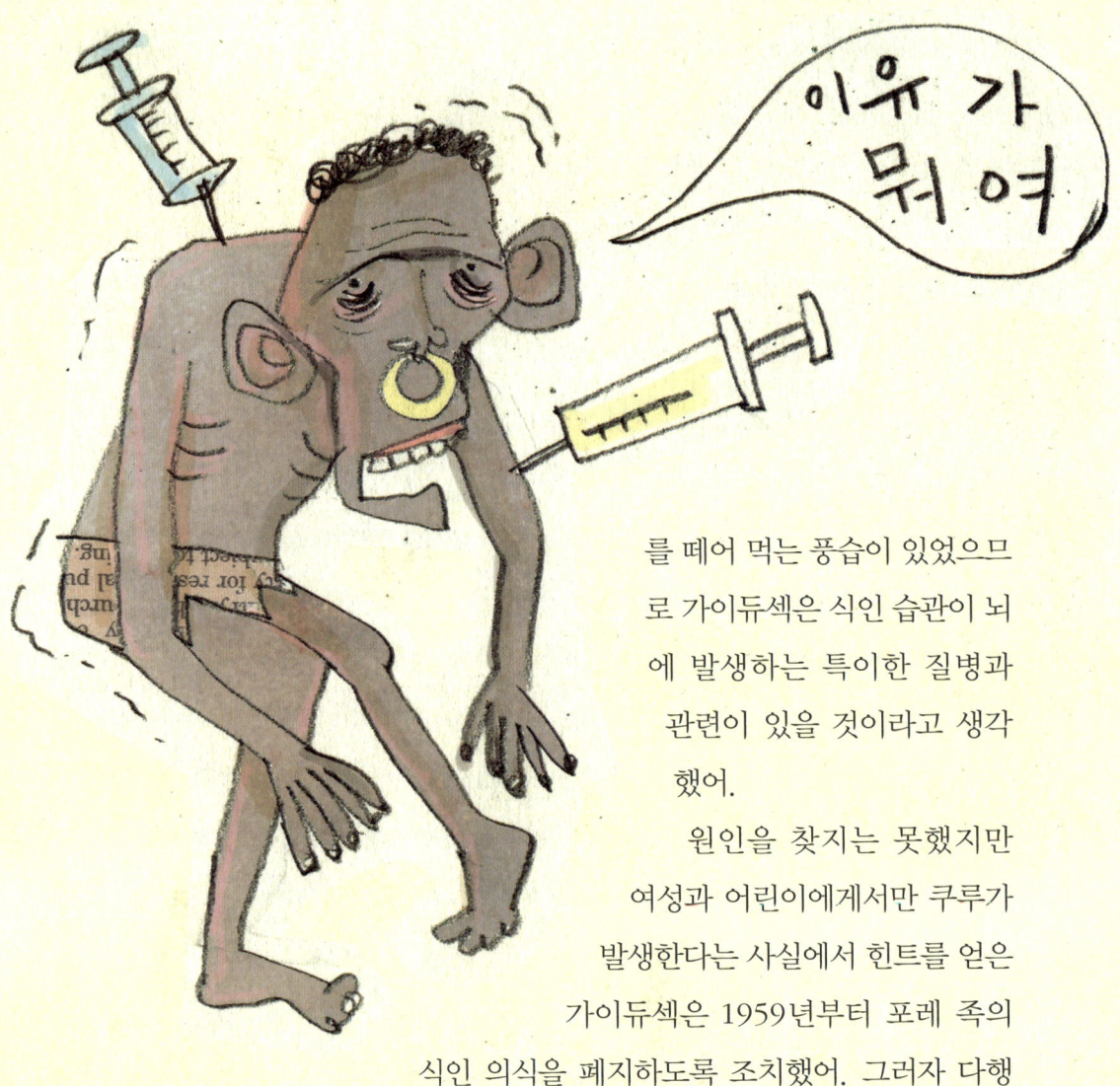

를 떼어 먹는 풍습이 있었으므로 가이듀섹은 식인 습관이 뇌에 발생하는 특이한 질병과 관련이 있을 것이라고 생각했어.

원인을 찾지는 못했지만 여성과 어린이에게서만 쿠루가 발생한다는 사실에서 힌트를 얻은 가이듀섹은 1959년부터 포레 족의 식인 의식을 폐지하도록 조치했어. 그러자 다행히도 어린이들에게서는 더 이상의 환자가 발생하지 않았어. 어른들에게서는 그 후에도 드물게 환자가 발생했지만 그것은 아마도 1959년 이전에 식인 의식에 참여했기 때문이었을 거야.

'쿠루는 죽은 사람의 시체로부터 어떤 물질이 옮겨져서 발생하는 것

일까?'

 가이듀섹은 죽은 사람의 뇌를 섭취한 사람들이 시간이 흘러가면서 뇌의 여러 기능에 변화가 생기는 현상을 발견했어. 뇌의 여러 부위에 존재하는 신경세포가 파괴된 것을 발견한 거야.

 살았느냐 죽었느냐에 관계없이 어떤 사람에게서 다른 사람에게로 질병이 옮겨가는 것은 눈에 보이지 않는 미생물 때문일 거라고 생각했지만 가이듀섹은 병의 원인이 되는 미생물을 찾을 수가 없었어. 다음으로 동물이나 식물에서 분비되는 신경독소에 의해 질병이 전달될 것이라는 가설을 세웠지만 이 가설도 확인할 방법이 없었어. 원인을 찾지 못한 상태에서 환자들이 죽어 가도록 그냥 지켜보며 기다리기만 할 수 없었던 그는 아스피린, 항생제, 경련방지제, 신경안정제 등을 환자에게 투여해 보았어. 하지만 어떤 약도 질병을 호전시키지 못했어. 포레 족이 사용하는 음식이나 물에서도 특별히 이상한 점을 발견하지 못했어.

 치료법을 알아내지는 못했지만 1959년에 식인 의식을 금지한 이후에 쿠루 환자 발생은 크게 줄어들기 시작했어. 가이듀섹은 자신이 발견하지는 못했지만 쿠루를 일으키는 특별한 병원체가 있을 것이라는 생각을 버릴 수가 없었어.

가이듀섹은 자신의 이론을 증명하기 위해 실험에 돌입했어. 그가 시도한 과학적인 실험 방법은 우선 쿠루로 사망한 환자의 뇌를 갈아서 뇌 조직을 조각 내는 것으로 시작했어. 이를 걸러 내면 박테리아(세균)는 걸러지지 않고, 용액에 훨씬 작은 바이러스만 걸러져. 가이듀섹은 바이러스가 들어 있을 것으로 예상되는 이 용액을 실험동물인 침팬지의 뇌에 집어 넣고는 어떻게 되는지 살펴보았어. 가엾은 침팬지!

약 1년 반이 지난 어느 날 실험에 이용된 세 마리의 침팬지 중 한 마리에게서 쿠루 환자에게서 볼 수 있던 것과 유사한 증상이 나타나기 시작했어. 그로부터 얼마 지나지 않아 나머지 침팬지에게서도 쿠루 증상이 나타나기 시작했어.

쿠루는 감염에 의해 전파된다는 자신의 가설이 맞았음을 확인하는 순간이었어! 가이듀섹은 다음으로 쿠루가 발병한 침팬지를 희생시켜 뇌 시료를 얻은 다음 건강한 다른 침팬지의 뇌에 접종하는 실험을 진행했어. 그러자 건강한 침팬지에게서 쿠루 증상이 나타나기 시작했어.

'맞아. 내 예상이 옳았어. 쿠루는 눈에 보이지 않는 바이러스에 의해 전파되는 질병이야!'

침팬지의 뇌 조직을 현미경으로 들여다본 결과 뇌 조직에 구멍이 뻥뻥 뚫린 것을 관찰할 수 있었어. 쿠루에 걸린 환자들의 뇌에 구멍이 뻥뻥 뚫려 있는 것처럼 말이야. 이 결과는 쿠루에 걸린 동물의 뇌 시료를 다른 실험동물에 접종할 때 실험동물의 종이 서로 가까울수록 발병하는 데 걸리는 시간이 빠르다는 사실을 알게 해 주었어.

그리고 가이듀섹은 쿠루가 바이러스에 의해 발생하는 질병이라 생각했어.

보통은 바이러스가 감염되면 급성 증상이 나타나는데 가이듀섹의 연구에서는 급성 증상이 발견되지 않은 것이 특징이야. 쿠루의 경우에는 수년이 지나야 질병이 발생하므로 가이듀섹은 쿠루의 원인이 되는 바이러스가 다른 바이러스와 달리 아주 느리게 자라나는 바이러스라고 생각했어. 그래서 쿠루의 원인이 되는 바이러스를 '지발성(느리게 나타나는) 바이러스'라 이름 붙였어. 그리고 이를 통해 그는 '전염성 질병의 기원과 전파에 대한 새로운 기전'을 발견한 공로로 1976년에 노벨 생리의학상 수상자로 선정되는 영광을 누렸어.

오늘날에는 쿠루의 원인이 바이러스 때문이 아니라는 사실을 알고 있어. 쿠루 환자들은 구조가 아주 특이한 단백질을 가지고 있는데 과학자들은 이것을 프리온이라고 불러. 이 프리온이 질병을 일으킨 것이지.

뇌를 갈아서 건더기들은 걸러 내고 남은 용액으로 질병을 연구한 것까지는 훌륭한데 바이러스도 아닌 병원체에 지발성 바이러스라는 이름을 붙여 놓은 것은 엉터리라고 할 수밖에 없어. 하지만 침팬지 실험

으로 쿠루가 전염성 뇌 질환이라는 것을 밝힌 가이듀섹의 업적은 노벨상의 명성에 걸맞는 것이라는 생각이 들어.

찰스 2세의 맹점 장난

17세기에 영국에 찰스 2세라는 왕이 있었어. 그는 궁전에서 맹점을 이용하여 장난을 한 걸로 유명해.

맹점이란 눈의 망막에 시세포가 없어서 물체의 상이 맺히지 않는 부분이야. 눈으로 본 것을 시세포가 감지하면 신경이 뇌로 정보를 전달하여 뇌에서 눈으로 본 것이 무엇인지를 판단해. 그래서 시세포가 없는 맹점에 상이 맺히면 아무것도 보이지 않아.

평소에 맹점을 느끼지 못하는 것은 눈이 두 개이기 때문이야. 어떤 물체를 볼 때 손으로 눈을 하나씩 교대로 가려 보면 두 눈에 맺히는 상이 조금 다르게 느껴지잖아. 입체감을 느끼는 것도 두 눈에 보이는 상이 똑같지 않기 때문이지. 물체가 한쪽 눈의 맹점에 상이 맺힌다 해도 다른 눈에는 보이므로 두 눈에 보이는 상을 합쳐 놓으면 물체가 보이게 되어 평소에는 맹점이 있다는 것을 알지 못하는 거야.

못 믿겠다면 맹점을 확인하는 실험을 해 보자구.

오른손으로 오른쪽 눈을 가려 봐. 책을 30센티미터 이상 눈에서 떨어지게 한 후 왼쪽 눈으로 그림의 오른쪽에 있는 검은 점을 집중해 봐. 그리고 책을 서서히

찰스 2세

눈앞으로 움직여 오면서 왼쪽 눈은 계속해서 검은 점에 집중하는 거야. 그러면 어느 순간 왼쪽에 있는 흰 점이 사라져 버리는 것을 알 수 있게 될 거야. 잘 안 되면 눈을 고정한 채 책을 앞뒤로 천천히 왔다 갔다 하면서 왼쪽 눈을 계속해서 오른쪽 점에 집중해 봐. 왼쪽의 점이 보이지 않는 순간을 찾으면 돼.

찰스 2세가 맹점을 이용하여 어떤 장난을 했는지 상상이 가니?

그는 궁궐을 돌아다니다 시녀를 만나면 복도나 방에 가만히 서 있게 했어. 그리고는 3~4미터 떨어진 곳에 서서 오른손으로 오른쪽 눈을 가렸어. 그리고는 왼쪽 눈으로 그 시녀의 얼굴에 초점을 맞춘 다음 시선을 서서히 시녀의 오른쪽으로 옮겨 갔어. 그러다 보면 어느 순간에 시녀의 목이 사라지게 되는데 이것이 바로 맹점에 그 시녀의 얼굴이 맺히기 때문에 생기는 현상이야. 확인하고 싶으면 친구 한 명을 세워 놓고 찰스 2세가 하던 대로 직접 실험을 해 보면 돼. 잘 안 되면 오른손으로 오른쪽 눈을 가린 후 왼쪽 눈으로 친구의 오른쪽 2미터 지점을 집중해 봐. 그리고 서서히 걸으며 앞뒤로 왔다갔다 하면 어느 순간 친구의 목이 사라지고 없는 것을 관찰할 수 있어.

우표로 보는 의학사 02

1 레벤후크
현미경으로 여러 가지 세포를 관찰했어요.

2 제너
최초의 예방접종법인 종두법을 개발해 두창을 예방할 수 있게 해 주었어요.

4 피르호
병리학의 아버지. 현미경으로 세포와 조직을 관찰하여 질병 진단에 이용했어요.

1676년

1796년

1858년

1848년

3 제멜바이스
손을 씻으면 산욕열을 예방할 수 있다고 주장했어요.

5. 멘델
유전학의 아버지.
세 가지 유전법칙을 발견했어요.

8. 파스퇴르
닭콜레라, 탄저, 광견병 백신을 발견했어요.

1880~1882년

1865년

1882년, 1883년

1865년

1865년

6. 리스터
무균처리법을 발견해 수술실에서 감염이 생기지 않게 해 주었어요.

7. 베르나르
실험생리학의 방법론을 확립하고 질병 해결에는 몸 전체의 균형이 중요하다고 주장했어요.

9. 코흐
1882년에 결핵균을 발견했어요.
1883년에 콜레라균을 발견했어요.

3장 위대하고 기막힌 의학의 발견

몸에 이상이 생기면 병원에 가잖아. 특별한 상처가 없으면 의사는 진찰한 후 약을 처방하면서 "3일만 이 약을 먹으면 다 나을 겁니다"라고 하는 경우가 많아. 약을 먹는 것만으로 말끔하게 병이 나을 때면 누구나 약을 참으로 신기하게 여길 거야. 조그만 알맹이나 가루로 된 것이 몸으로 들어가면 아프던 것이 사라지니 어떻게 약이 만들어진 건지 궁금하지 않니?

약이란 걸 처음 만든 사람들은 어떻게 그 약의 효과를 알 수 있었을까? 예방접종법은 누가 처음 개발했으며, 모기에 물리면 병에 걸릴 수 있다는 사실을 누가 알아냈을까?

지금은 아주 당연하게 알고 있는 사실이지만 이를 몰랐던 과거에는 뜻하지 않게 큰 피해를 입는 경우가 많았어. 인류의 조상들은 질병이 유행할 때마다 원인과 해결책을 찾기 위해 부단히도 노력했어. 이 과정에서 번뜩이는 아이디어로 사람들의 생명을 구한 위대한 인물들이 나타나곤 했지. 새로운 의학 지식이 발견된 것은 물론이야. 지금부터 위대하고 기막힌 의학적 발견이 어떻게 이루어졌는지 알아보고자 해. 이러한 발견이 이루어진 과정을 살펴보노라면 과학적 탐구만 중요한 게 아니라 새로운 사실을 다른 사람들에게 알리는 방법도 중요하고, 진리를 찾기 위해 목숨을 건 실험을 했다는 걸 알게 될 거야.

역사에 위대한 인물로 남은 분들이 어떤 방법으로 훌륭한 업적을 남겼는지 알아보는 것은 우리가 어떻게 노력해야 훌륭한 인물이 되는지 생각하는 데에 도움이 될 거야. 그렇다고 목숨을 걸고 실험을 따라하라는 것은 절대 아니야! 우리는 그런 무모한 실험 방법을 선택하지 말고 다른 방법으로 자신이 세운 가설을 검증해야 한다는 사실을 배워야 해.

위대한 인물을 찾아 떠나는 여행을 통해 나도 할 수 있다는 자신감을 가지고 훌륭한 학자가 되겠다는 계획을 세워 보는 건 어떨까?

01 두창을 해결한 제너

과거에 우리 조상들이 두창 또는 마마라 일컬은 병은 바로 천연두야. 이 병은 이집트 문명에서도 그 흔적을 찾을 수 있어. 아마도 인류 초기부터 사람들에게 위협을 준 전염병의 하나였을 거야. 중국, 인도, 아라비아, 유럽 등지에서도 두창(천연두는 일본식 표기임)으로 추정되는 질병이 오래 전부터 전해 내려 왔어. 한 번 걸렸다 하면 죽거나 온몸에 수많은 흉터를 남기는 끔찍한 질병이 바로 두창이야.

두창은 전염성이 무척 강해서 옛날에는 무서운 무기로 사용되기도 했어. 전쟁 때 환자가 사용하던 물건을 적진에 던져 놓아 적군에게 질병을 전파시켰던 거지. 치사하지? 18세기 말 유럽에서는 두창 때문에 사람들이 가장 많이 죽었어. 특히 안타깝게도 10세 이하의 어린이가 많이 죽었다고 해.

두창이 사람뿐 아니라 소에게도 생긴다는 것은 오래 전부터 알려진 사실이었어. 신기한 것은 사람이 직접 걸리면 목숨을 잃을 정도로 증상이 심하지만 소에게서 사람으로 전염되면 피부가 빨간색으로 돋아 오르기만 할 뿐 다른 특별한 증상은 발견되지 않는다는 점이야.

영국의 한 시골에 살고 있던 에드워드 제너는 두창에 관심을 가지고 있었어. 그는 아주 친절한 태도로 환자를 진료했고, 어떻게 하면 질병을 고칠 수 있을까를 항상 생각하는 의사였어. 다른 사람들과 친하게 지내고, 문화예술적 소양도 뛰어난 그는 워낙 인기가 많아서 동네 아이들이 그의 이름을 부르며 졸졸 따라다녔다고 해.

"소의 두창인 우두에 걸렸던 사람은 두창에 걸리지 않는다."

어느 날 이 이야기를 우연히 듣게 된 제너는 귀가 번쩍 뜨였어.

'이건 중요한 사실임이 분명해. 이를 잘 이용하면 두창을 예방할 수 있을 거야!'

제너는 우두에 걸렸던 사람들을 조사하기로 마음먹었어. 이 사람들 중에 실제로 두창에 걸린 사람이 있으면 소문은 헛소문이고, 그렇지 않으면 뭔가 해결의 실마리를 찾을 수 있으리라 생각했어. 그러나 우두에 걸린 사람을 찾는 것은 쉬운 일이 아니어서 몇 년이 그냥 흘러가 버렸어. 그동안 몇몇 우두에 걸린 사람들을 만나 이야기를 들어 보니 기대한 것처럼 두창에 걸려 본 사람은 한 명도 없었어. 제너는 우두에 걸린 사람은 두창에 걸리지 않을 거라고 확신했지! 가끔씩 우두에 걸린 사람을 찾아냈지만 자신의 연구에 응하겠다는 사람을 만나기란 쉽지 않았어. 제너의 가설은 증명된 적이 없으니 혹시 일이 잘못되면 목숨을 잃을지도 모를 일인데 누가 선뜻 나서겠어?

"제가 당신의 실험을 도와드리겠습니다."

어느 날 62세의 필립이 제너를 찾아왔어. 필립은 제너와 같은 마을에 사는 노동자였고 9세 때 우두에 걸렸던 사람이야. 필립은 제너를 아주 믿었으므로 제너의 계획을 듣고는 직접 실험에 참여하기로 결정한 거야.

"두창 환자의 상처 부위에서 뽑아낸 액체를 몸에 주사하겠습니다."

필립의 몸속에 액체가 들어가자 그 부분에 발진이 생겨났어. 이 발진은 며칠 동안 점점 커지면서 더 넓은 범위에 일어났어. 어깨 부위에는 통증도 느꼈지만 다행히

5일째부터 상태가 나아지기 시작했고, 필립은 곧 정상으로 되돌아왔어. 이 실험으로 우두에 걸렸던 사람은 두창에 걸리지 않는다는 제너의 가설이 옳다는 것이 증명되었지.

이 소식이 알려지자 연구에 참여하겠다는 사람은 늘어났지만 확실한 연구 결과를 바로 얻지는 못했어. 시간은 속절없이 흘러가고 있었어. 인류를 구할 수 있는 두창 예방법을 개발하려던 제너의 속은 타들어가고 있었을 거야. 제너의 다음 계획은 정상인 사람을 우두에 감염시켜 약하게 병을 앓게 하면 두창을 예방할 수 있음을 증명하는 것이었어. 그러나 우두가 아무리 심하지 않다 해도 스스로 이 병에 걸리겠다는 사람을 찾는 것은 쉬운 일이 아니었지.

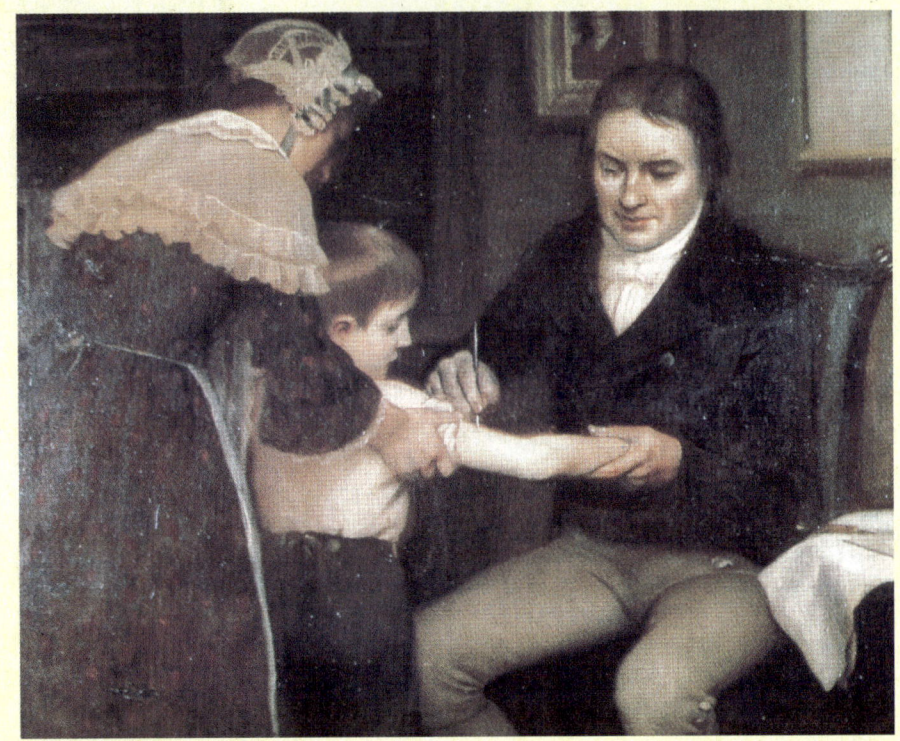
우두접종을 하는 제너

 1796년 어느 봄날 드디어 자원자가 나타났어. 8세이던 핍스 어린이가 제너의 연구에 참여하기로 한 거야.
 제너는 우두에 걸린 아가씨의 팔에서 증상이 나타난 부위를 채취하여 핍스에게 접종했어. 그러자 접종 부위에 작은 발진이 생겼고, 열이 나는 등의 증상이 나타났어. 그러나 그것이 전부였어.
 드디어 마지막 단계를 시험할 순간! 긴장된 상태로 두창 환자에게서 뽑아낸 액체를 이미 우두접종을 받은 적 있는 핍스의 팔에 주사한 거야. 어떻게 되었을까?

핍스의 몸에서는 아무런 이상 증세도 나타나지 않았어. 제너는 핍스에게 두창 환자의 분비물을 주입하는 실험을 수차례 더 반복했지만 핍스는 한 번도 두창에 걸리지 않았어. 핍스의 몸에 두창에 대한 면역이 생겼던 거야. 이것으로 두창 예방접종법이 발견된 것이지!

제너는 자신의 우두접종법을 이용하면 두창에 걸리지 않는다는 논문을 발표했어.

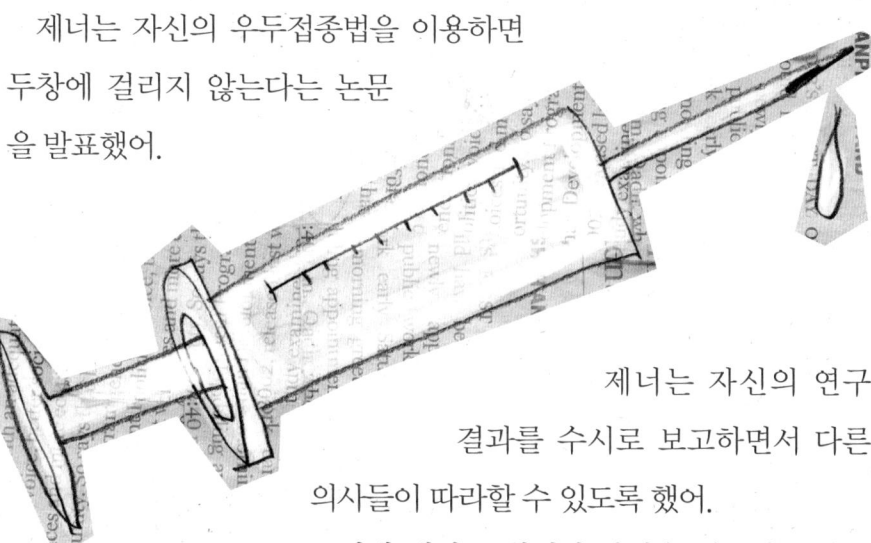

제너는 자신의 연구 결과를 수시로 보고하면서 다른 의사들이 따라할 수 있도록 했어.

그런데 제너는 위대한 발견을 했는데도 불구하고 여러 가지 구설수에 휘말려야 했어.

"하느님이 만든 신성한 사람의 몸에 감히 소의 병원균을 주사할 수는 없다."

"우두를 사람에게 접종하면 사람이 소로 변한다."

"언뜻 보아서는 제너의 방법이 효과가 있는 듯이 보인다. 그러나 언젠가는 우리가 모르는 부작용이 나타날지도 모른다."

제너의 종두법이 발견된 이후 영국에서는 예방접종반대협회가 결성

되어 그의 업적을 깎아 내렸어. 그러나 제너는 실망하지 않고 더 좋은 예방접종법을 개발하기 위해 연구를 계속 진행했어. 제너의 연구 결과에 관심을 가진 학자들도 종두법 연구에 열을 올렸지. 1800년에 두창은 다시 한 번 유럽에서 위세를 떨쳤지만 제너의 방법대로 예방접종을 받은 사람은 한 명도 두창에 걸리지 않았어. 제너는 승리자가 됐단다!

한동안 방관하던 영국 정부는 제너에게 연구비를 지급하기도 하고, 종두법을 보급하기 위한 협회를 설립하기도 했어. 제너의 연구 결과에 감명받은 프랑스 황제 나폴레옹은 제너의 요청을 받아들여 자신이 거느리고 있던 영국 귀족들을 모두 해방시켜 주었어.

제너의 종두법은 순식간에 퍼져 나갔어. 종두법으로 어린이 사망률이 크게 줄어들었고, 더 이상 얼굴이 곰보로 변할까봐 걱정하지 않아도

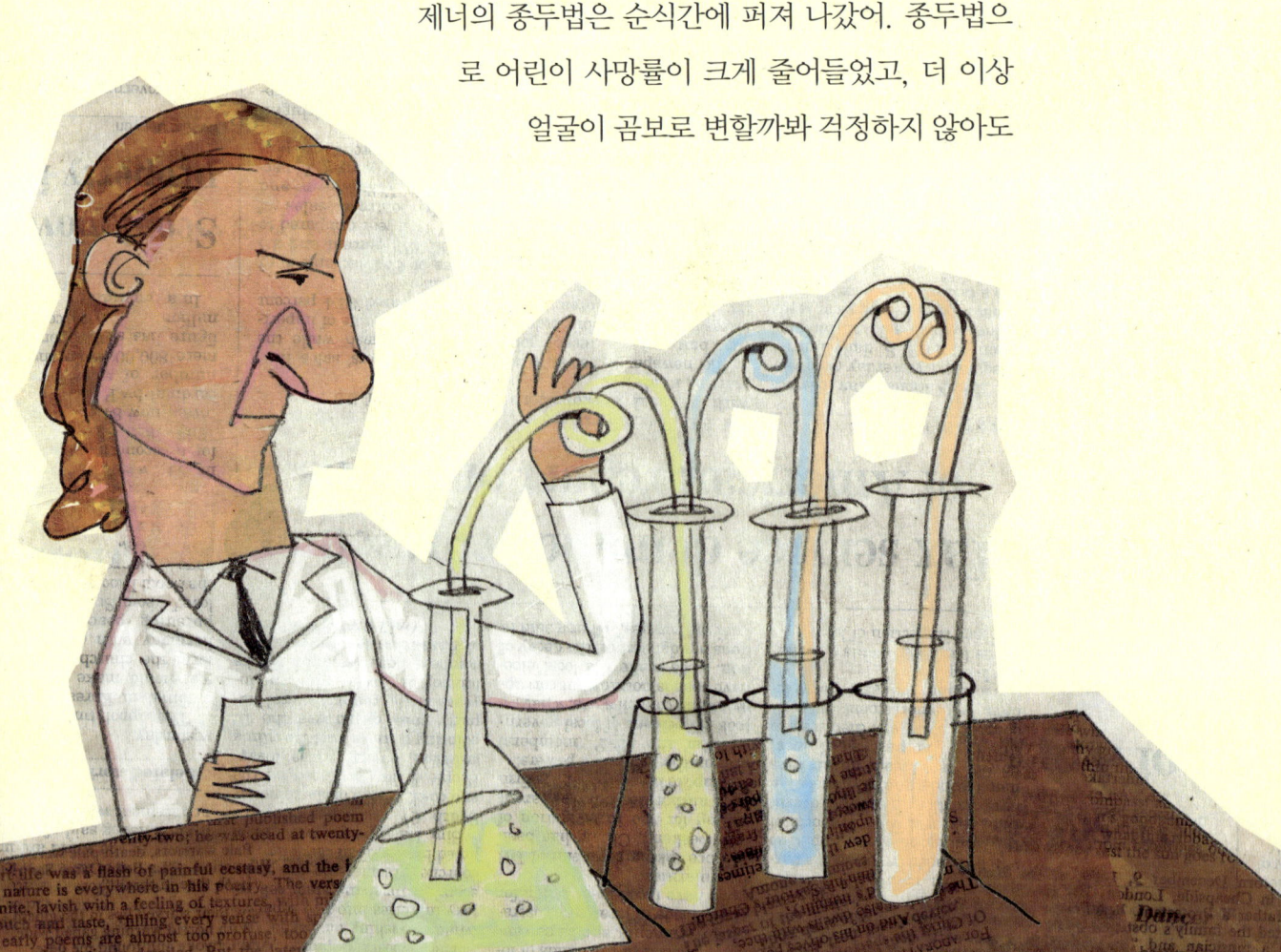

되었어. 1977년에 소말리아에서 마지막 환자가 발생한 것을 끝으로 30여 년이 지나도록 지구 상에서 두창 환자가 발생하지 않고 있어. 이제 두창은 지구에서 사라진 질병 취급을 받고 있지. 언제 다시 또 찾아올지는 알 수 없지만 말이야. 이게 다 제너의 업적에서 비롯된 거야.

일반적으로 의사는 환자 한 명을 대상으로 질병을 치료해 주는 사람이야. 즉 의사는 병이 생긴 다음에야 치료를 시작하지. 그런데 전체 인류를 생각하면 의사보다 질병이 생기지 않도록 사전에 예방조치를 하려고 애쓰는 분들이 더 중요할 수가 있어. 그래서 수돗물의 오염을 막거나 공장에서 발생하는 환경호르몬을 감소시키기 위해 노력하는 일이 중요한 거야.

신종플루같이 새로운 병이 수많은 사람들에게 동시에 발생했을 때 이 병이 어떻게 해서 생겨나서 어떻게 전파되는지를 연구하여 해결책을 찾아내는 것은 한 명의 환자를 치료하는 것 이상으로 중요해. 공중보건학은 이처럼 사람 한 명이 아니라 집단적으로 발생하는 질병을 연구하는 학문인데, 제너는 의사이면서도 공중보건학 발전에 크게 기여를 한 사람이라 할 수 있어.

환자 한 명 한 명을 치료하여 그들을 질병으로부터 해방시켜 주는 것도 좋지만 전체 인류의 건강과 질병 없는 세상을 위해 노력하는 것도 아주 중요한 일이야.

미생물이 전염병을 발생시킨다

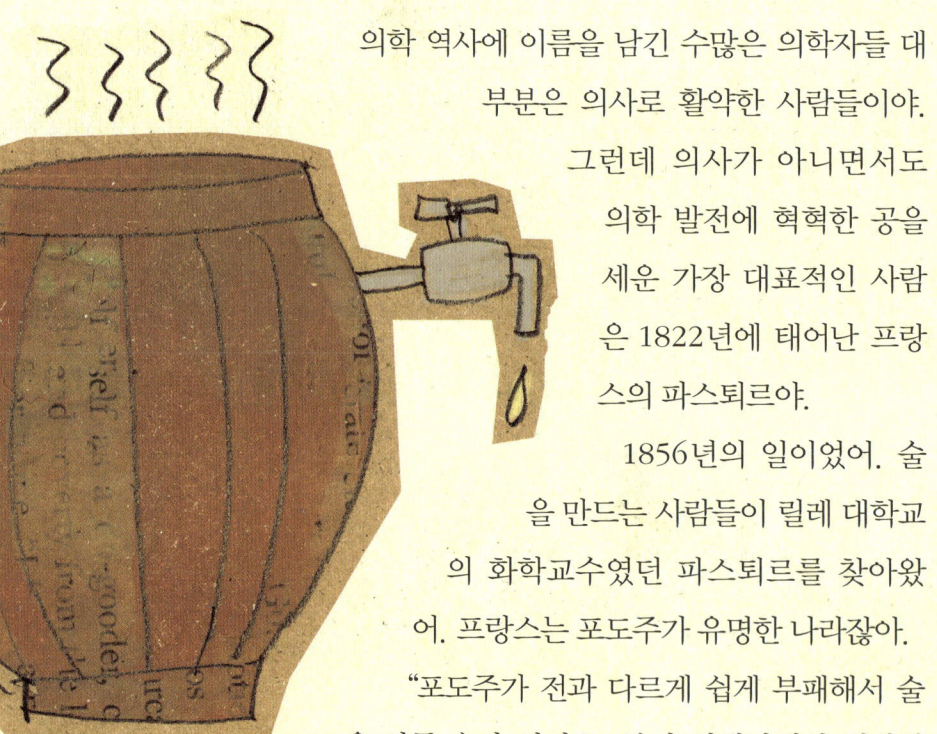

의학 역사에 이름을 남긴 수많은 의학자들 대부분은 의사로 활약한 사람들이야. 그런데 의사가 아니면서도 의학 발전에 혁혁한 공을 세운 가장 대표적인 사람은 1822년에 태어난 프랑스의 파스퇴르야.

1856년의 일이었어. 술을 만드는 사람들이 릴레 대학교의 화학교수였던 파스퇴르를 찾아왔어. 프랑스는 포도주가 유명한 나라잖아. "포도주가 전과 다르게 쉽게 부패해서 술을 만들 수가 없어요. 부디 선생님께서 해결책을 가르쳐 주세요."

이때부터 파스퇴르는 발효 현상을 연구하게 되었어. 발효는 어려운 말인데 유기물을 분해시키는 과정이야. 유기물(생물체 안에서 만들어지는 탄소가 포함된 물질)이 분해되어 사람에게 해로운 물질이 만들어지면 부패라 하고, 사람에게 이로운 물질이 만들어지면 발효라고 하지. 양조업자들이 파스퇴르를 찾아온 이유는 포도주를 만들 때 발효가 일어나야 하는데 어딘가 잘못되어 발효 대신 부패가 일어났기 때문이야.

당시에 많은 학자들은 발효가 화학 반응에 의해 일어난다고 생각했어. 그러나 파스퇴르는 발효가 눈에 보이지 않는 작은 생물체, 즉 미생물 때문에 생기는 것이라고 생각했지. 열심히 연구한 결과, 파스퇴르는 정상적인 발효는 효모균에 의해 발생하는데 효모가 아닌 다른 미생물로 오염되면 발효 대신 부패가 일어난다는 사실을 알아냈어. 발효가 미생물에 의해 발생한다는 그의 가설이 옳았던 거야.

미생물에 대한 관심이 커진 파스퇴르는 1861년에 백조 목 모양의 플

라스크를 이용한 실험에서 생물이 자연적으로 생겨날 수 있다는 '자연 발생설'은 잘못된 학설이라는 것을 증명했어. 생명체는 아무것도 없는 데에서 그냥 생기는 것이 아니라 반드시 생명체의 씨가 있어야 생기는 거야.

19세기 후반의 프랑스에서는 닭콜레라가 자주 유행해 농부들을 괴롭히고 있었어. 닭콜레라에 걸리면 건강한 닭도 금방 축 늘어지면서 시름시름 앓다가 이틀도 채 버티지 못하고 죽었어. 당시 전체 닭의 10퍼센트가 이 병으로 죽었으니 닭콜레라는 아주 골치 아픈 질병이 아닐 수 없었어. 농부들은 울상이었지.

파스퇴르는 전염병이 미생물에 의해 전파될 것이라는 생각을 지녔기 때문에 원인이 되는 미생물을 찾으려고 노력했어. 이를 위해 파스퇴르는 병에 걸린 닭의 벼슬에서 혈액을 채취해 미리 준비한 닭고기 수프에 떨어뜨렸어. 미생물이 닭고기 수프에서도 잘 자랄 것이라 생각했기 때문이야. 며칠간 내버려 두었다가 현미경으로 관찰해 보니 수프에 세균이 많은 수로 늘어난 것을 확인할 수 있었어. 이 수프를 빵에 떨어뜨린 다음 닭에게 먹이자 닭은 곧 닭콜레라의 증세를 나타내며 죽어 버렸어. 이것으로 현미경으로 본 세균이 닭콜레라의 원인균이라는 사실이 명백해졌어. 파스퇴르는 실험을 수차례 반복하면서 닭콜레라의 원인균을 찾았다는 생각에 즐거운 마음으로 휴가를 떠났지.

휴가를 마치고 돌아왔는데 이상한 일이 벌어졌어. 멀쩡한 수프를 먹은 건강한 닭이 닭콜레라 증세를 나타낸 거야.

'이게 무슨 일이지?'

실험 과정을 검토해 보니 병균이 들어 있지 않았다고 생각한 수프에 사실은 병균이 들어 있었던 거야. 자신의 실수를 찾아내어 한숨 돌리는 순간 더 놀라운 일이 벌어졌어. 닭콜레라 증세를 보인 닭이 서서히 기력을 회복하더니 며칠 후 다시 건강해진 거야.

왜 그런지 이유를 찾기 위해 궁리하던 파스퇴르의 뇌리에 제너의 종두법이 스치고 지나갔어. 이미 배양한 지 며칠이 지난 닭고기 수프에는 닭콜레라균이 들어 있기는 했지만 질병을 일으킬 수 있는 능력이 아주 약화되어 있었던 거야. 파스퇴르는 이렇게 약화된 병균을 이용하면 예방접종약으로 쓸 수 있을 것이라고 생각했어. 그리하여 닭콜레라를 일으키지 않으면서 예방은 할 수 있는 백신을 발견하는 데 성공했어. 이것으로 제너의 종두법이 다른 전염병에도 응용될 수 있다는 것이 확인되었어.

파스퇴르는 탄저를 다음 목표로 정했어. 지금은 탄저가 소나 양 등의 가축에게서 드물게 유행하는 전염병이지만 당시에는 닭콜레라와 더불어 흔히 유행하는 전염병이었어. 파스퇴르는 닭콜레라 연구에서 그랬던 것처럼 탄저균의 독성을 약화시키기 위한 조건을 찾아내고자 했어. 결과는? 물론 성공이었지!

파스퇴르는 환갑을 넘긴 후에도 연구를 향한 노력을 멈추지 않았어. 탄저에 대한 연구를 진행 중일 때는 광견병 백신 개발 연구도 이미 시작한 상태였어. 닭콜레라와 탄저는 세균이 전파하는 질병이지만 광견병은 바이러스가 전파하는 질병이야. 바이러스는 세균과 달리 실험실에서 배양하기가 어려우므로 연구가 훨씬 까다로워. 그러나 어려운 것이 불가능한 것은 아니야. 목표를 향해 쉼 없이 전진하던 파스퇴르에게는 해결 가능한 문제일 뿐이었어.

토끼를 이용한 연구를 통해 파스퇴르는 백신을 만드는 데 성공했어. 파스퇴르는 광견병의 잠복기가 아주 길기 때문에 미처 예방접종을 받지 못했더라도 광견병 개에 물린 다음에 백신을 접종받으면 효과가 있을 것이라고 기대했어. 그러나 사람을 대상으로 임상실험을 할 수 없었던 것이 가장 큰 문제였어. 광견병만큼은 일단 걸렸다 하면 아무도 살아남지 못한다고 생각했거든. 그래서 백신을 만들기는 했지만 예방접종에 이용하지 못한 채 시간만 보내고 있었어.

　1885년 7월 6일, 광견병 개에 물린 어린 소년 메스테르가 엄마와 함께 파스퇴르를 찾아왔어. 그때까지는 광견병 개에 물리면 그 부위를 달군 쇠로 지지는 것이 유일한 방법이었는데 효과가 확실치 않았어. 어린 아들을 불에 달군 쇠로 지지는 것을 허락할 수 없었던 어머니에게 누군가가 파스퇴르를 찾아가 보라고 했던 거야.

　"비록 백신을 만들기는 했지만 제가 가진 백신은 검증이 제대로 되지 않은 것입니다."

　메스테르의 어머니는 파스퇴르 선생님께 그냥 두면 어차피 광견병으로 죽을 테니 백신을 사용해 보자고 했어. 파스퇴르는 약한 것부터 강한 것으로 바꾸어 가며 14회에 걸쳐 백신을 접종했지. 결과는 어땠을까? 그 어린이는 무사히 퇴원할 수 있었고, 광견병 백신 개발은 성공적인 것이었어!

광견병을 처음 치료받은 환자의 슬픈 운명

광견병 백신으로 처음 치료를 받은 어린 소년 메스테르는 그 후 어떻게 되었을까? 메스테르가 이 백신 덕분에 목숨을 건지자, 그의 어머니는 아들에게 파스퇴르를 영원히 공경하라고 가르쳤어.

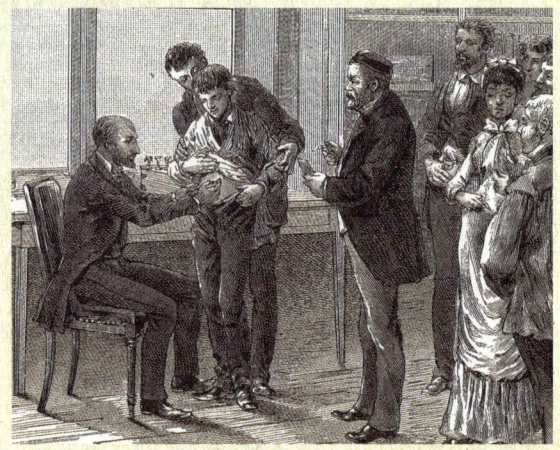

그로부터 50여 년이 흘러 파스퇴르는 세상을 떠났고, 메스테르도 노인이 되었지. 제2차 세계대전이 발발하여 독일이 프랑스로 쳐들어오자 프랑스는 저항 한 번 제대로 하지 못한 채 파리를 점령당했어. 파리의 중요 기관을 점령한 독일군은 프랑스 과학아카데미가 세운 파스퇴르 연구소를 인수하려 했지만 수위가 지하실 문을 절대로 열어 줄 수 없다며 버티는 바람에 잠시 동안 어려움을 겪었어.

목숨의 위협을 느낀 수위는 적의 손에 죽기보다 차라리 자살을 선택했어. 이 수위가 바로 메스테르야. 그가 끝까지 열어 주지 않은 지하실에는 파스퇴르의 묘지가 있었지. 오늘날 관람객들에게 개방되어 있는 묘지에는 파스퇴르가 메스테르에게 접종하는 모습이 그려진 벽화가 방문객들을 맞아 주고 있어.

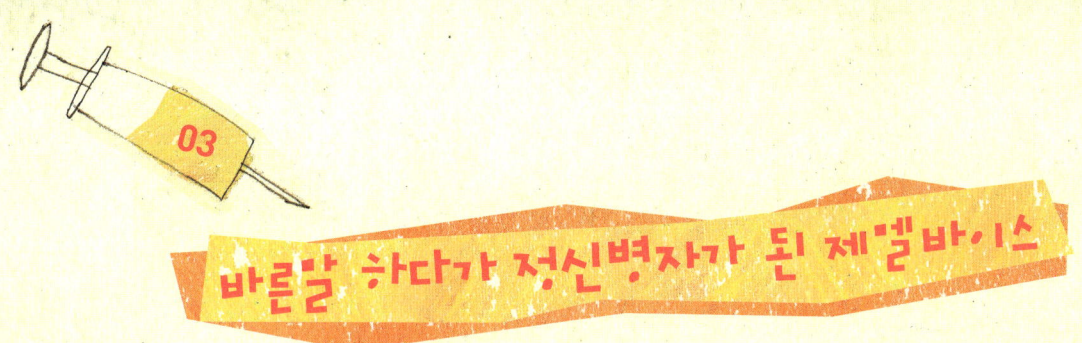

바른말 하다가 정신병자가 된 제멜바이스

　뱃속 아기가 엄마 몸 밖으로 나오려고 버둥대는 순간 엄마는 엄청난 고통을 이겨 내야 해. 아기가 이 세상으로 나오는 통로가 좁아서 아기 머리가 큰 경우에는 아기와 엄마 모두 상상할 수 없을 정도로 고생을 하게 되지. 아기의 머리가 끼어서 꼼짝 못하는 경우에는 아기가 목숨을 잃을 수도 있기 때문에 어떻게든 길을 벌려서 밖으로 아기가 나와야만 해. 이 과정에서 엄마의 몸 일부가 찢어지는 사고를 당하기도 해. 오늘날에는 이런 경우 찢어진 부위를 빨리 꿰매고 세균이 침입할 수 없도록 약을 발라 줌으로써 엄마들은 무사히 정상으로 회복할 수 있어.

　그러나 미생물에 의한 감염과 무균처리법이 알려지지 않은 19세기 중반까지는 그게 아니었어. 아기는 무사히 태어났지만 엄마 가운데에는 아기를 낳은 후 아주 심한 열이 나는 병에 걸려 세상을 떠나는 경우가 꽤 많았어. 이 병의 이름은 산욕열이야.

113

산욕열에 관심을 가진 사람 중에는 헝가리에서 태어나 오스트리아의 비엔나로 유학을 떠난 이그나즈 제멜바이스라는 의사가 있었어. 1840년대 말에 비엔나의 한 산부인과 병원에서 근무하던 제멜바이스는 우연히 신기한 사실을 발견했어.

이 병원에는 나란히 위치한 두 병동에 분만실이 별도로 설치되어 있었어. 제1 병동에는 의사들과 의과대학생들이 주로 근무를 했고, 제2 병동에는 조산원들이 산모의 분만을 도와주었어. 그런데 애를 낳은 후 산모가 사망하는 비율이 조산원들이 담당하던 분만실에서는 낮았으나 의사와 의과대학생들이 담당하던 분만실에서는 높았던 거야.

'어째서 의사보다 조산원들이 담당하는 산모에게 산욕열이 덜 생기는 것일까?'

제멜바이스는 이 의문을 해결하기 위해 조사를 하다가 새로운 사실을 알아차렸어. 의사와 의과대학생들이 시체를 만지거나 의료기구를 다룬 다음 손을 씻지 않고 분만실로 들어온다는 사실을 발견한 거야. 당시엔 미생물이 전염병을 옮긴다는 사실이 알려져 있지 않았지만 의사들은 경험적으로 위생이 중요하다는 사실을 차츰 알아가던 상황이었어.

제멜바이스는 의사들에게 제안했어.

"분만실을 출입할 때 항상 가지고 다니는 의료기구와 손을 제대로 씻어 주세요."

이 제안은 곧 병원에서 채택되어 그해 1848년에 처음으로 산욕열로 인한 사망률이 제2병동보다 제1병동에서 낮아졌어. 제멜바이스의 생각이 옳았던 거야. 제멜바이스는 산욕열에 의한 사망을 획기적으로 떨어뜨릴 수 있는 방법을 알아낸 것이지. 하지만 사정이 생겨 자신의 주장을 널리 알리지 못한 상태에서 비엔나를 떠나 고향인 부다페스트로 돌아가야만 했어.

  그는 헝가리에서도 소독이 산모의 사망률 감소에 어떤 영향을 미치는지를 계속해서 연구했어. 그리고 10년 이상의 연구와 경험을 통해 소독이 아주 중요하다는 확신을 가질 수 있었어. 그는 1861년에 무균 처리법이 산욕열에 인한 산모의 사망을 줄인다는 내용의 책을 발간하여 유럽에서 명성이 자자한 산부인과 의사들에게 보내 주었어.

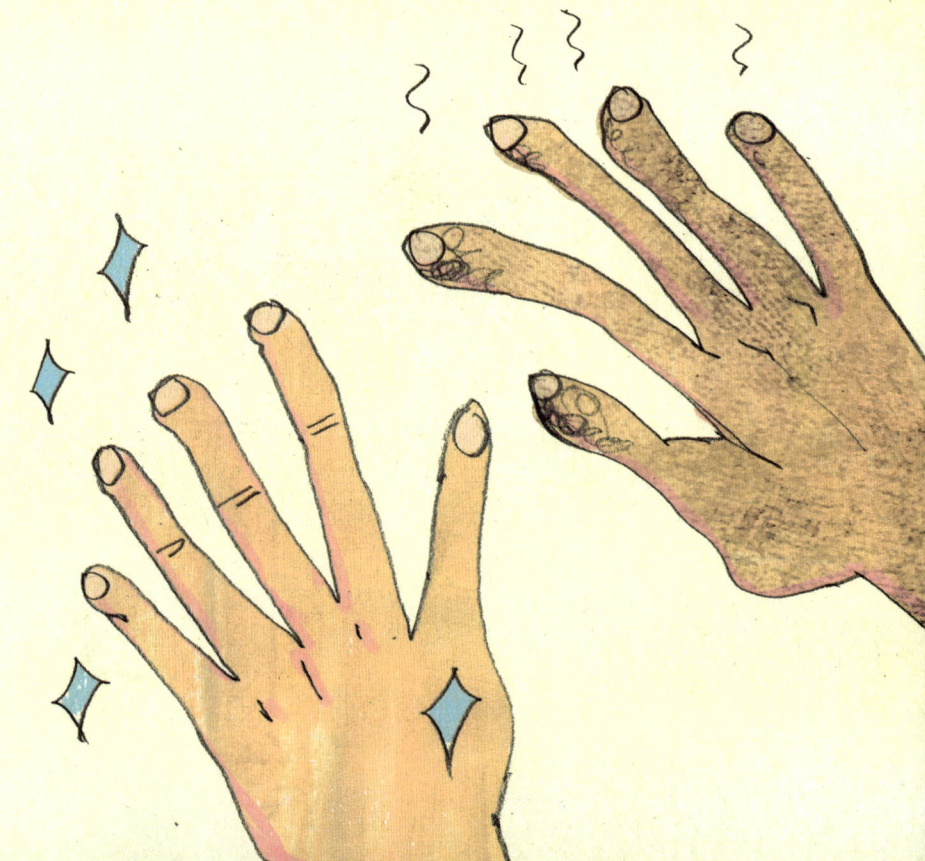

그런데 문제는 제멜바이스가 보낸 책을 산부인과 의사들 대부분이 무시했다는 거야.

"제멜바이스가 뭘 알아. 그까짓 손을 씻는 것으로 죽어 가는 산모를 살릴 수 있다니 도대체 말이나 되는 소리야?"

오늘날에는 어린이들조차 외출했다 돌아오면 손을 꼭 씻어야 한다는 사실을 잘 알고 있잖아. 아주 간단한 손 씻는 일을 당시의 의사들은 왜 하지 않으려고 했을까? 지금까지 자신이 철썩같이 옳다고 믿어 왔거나 아무런 문제가 없으리라고 확신했던 일상적인 행동을 하루아침에 바꾸는 것은 쉬운 일이 아닌가봐.

당시의 의사들은 제멜바이스의 주장을 인정할 만한 지식과 용기가 없었어. 이런 경우에는 새로운 주장을 내놓는 사람이 상대방을 잘 설득시켜야 하는데 제멜바이스는 통계수치로 자신이 발견한 새로운 사실을 주장하기는 했지만 상대방을 설득할 만한 능력이 없었어.

"지금까지 너희들이 행한 방법은 틀렸어. 이제부터 내가 시키는 대로 해!"

제멜바이스의 주장에 의사들은 생각했어.

'지금까지 산모를 돌본 나의 방법이 대단히 잘못되어 많은 사람을 죽게 했단 말인가?'

의사들은 인정하고 싶지 않았어. 어느 날 갑자기 보내 온 책에 "지금까지 네가 한 방법은 잘못된 것이다"라고 씌어 있으니 누가 이를 인정하려 했겠어?

제멜바이스가 자신의 주장을 단숨에 퍼뜨리려고 하기 전에 산부인과 의사들을 한 명씩 차례로 설득하겠다는 생각을 가졌으면 좋은 결말이 올 수도 있었을 거야. 그러나 제멜바이스는 그러지 않았어.

"너희들이 틀렸다고! 내가 좋은 방법을 알아냈으니 무조건 따라해."

"지금과 같은 방법으로 산부인과 의사가 진료한다면 분만할 때 산부인과 의사를 부르는 것은 산모와 태아를 죽음에 이르게 하는 일이야."

제멜바이스의 태도에 반감을 가진 당시의 산부인과 의사들은 그의 의견을 따르기를 거부했어. 혼자서 모든 산부인과 의사를 상대해야 하는 상황에 놓인 제멜바이스는 점점 지쳐갔어. 세상과 타협하지 못하고 아무도 인정하지 않는 혼자만의 주장을 관철시키기 위해 천방지축으로 설치고 다녔지만 아무 소득이 없었던 거야.

제멜바이스는 1865년에 친구들에 의해 정신병 환자수용소에 수용되었어. 그리고 약 2주일 후에 손가락에 상처를 입고 말았단다. 지금이라면 주사 한 대로 쉽게 해결할 수 질병인 봉와직염(피부 속에 병원균이 침범하는 병으로 염증, 고름 등을 일으킴)이 생겼는데, 제대로 치료를 받지 못해서 그만 한 맺힌 인생을 끝내야만 했어. 뒤에 소개할 리스터처럼 자신의 주장을 펴기 위해 남들과 싸우기보다 더 나은 연구 결과를 얻기 위해 노력했다면 더 편안한 말년을 보낼 수 있었을 텐데 그렇지 못한 점이 아쉬울 뿐이야.

그런데 제멜바이스 이전에는 산욕열이 불량한 위생상태에 의해 전파되는 질병이라는 걸 아무도 몰랐을까?

사실은 그게 아니야. 몇몇 선구자들은 깨끗한 환경에서 손을 씻은 후에 환자를 진료해야 하며, 산욕열이 패혈증(세균이 핏속에서 번식하면서 온몸에 감염증을 일으키는 병)으로 발전하면 그 산모들이 새로운 전염원이 될 수 있으므로 피해야 한다는 사실을 주장했어. 그들의 이름보다 제멜바이스의 이름이 더 널리 알려진 것은 제멜바이스가 책을 써서 다른 사람에게 보내 주고, 자신의 주장이 옳다는 것을 밝히기 위해 계속해서 그들과 싸웠기 때문이야. '아무도 내 말을 믿지 않는구나. 그럼 나는 조용히 살아갈 거야' 라며 연구실에만 틀어 박혀 있었다면 그의 이름은 덜 알려졌을 거야. 그러니 그가 천방지축으로 돌아다니며 아무하고나 싸운 것이 꼭 나쁜 결과를 낳았다고 하기는 곤란해.

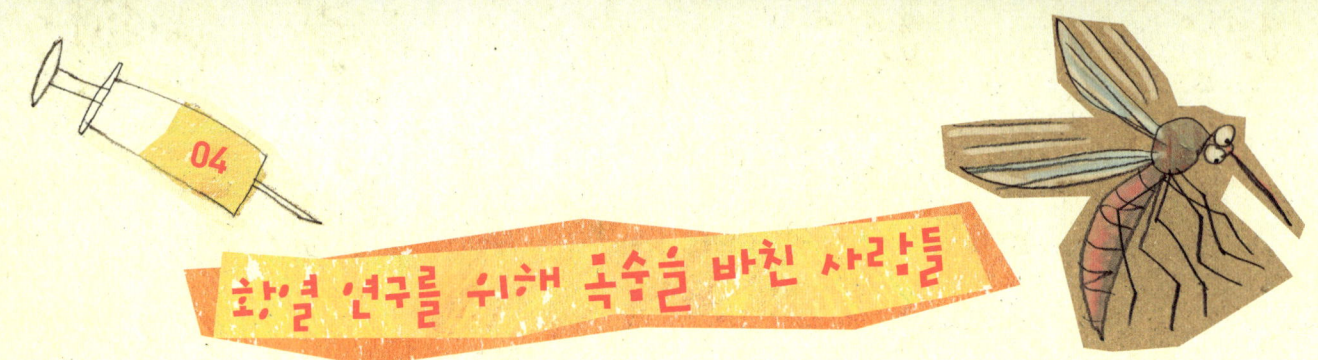

04 황열 연구를 위해 목숨을 바친 사람들

황열이라는 병 이름을 들어 본 적이 있니? 황열은 바이러스에 의해 발생하는 질병이야. 이 바이러스는 모기의 몸속에 들어 있다가 모기가 사람의 피를 빨 때 사람 몸속으로 들어와서 병을 일으켜. 황열이라는 말은 얼굴이 노란 색으로 변하는 것에서 '황(黃)'이라는 말이 유래했고, 몸에서 열이 난다는 뜻의 '열(熱)'이 합쳐서 생겨난 말이야.

일찍이 아메리카 대륙을 차지하기 위해 카리브 해 지역에 진출한 프랑스는 19세기 초에 전염병이 유행하면서 곤란에 빠졌어. 1802년 여름 내내 프랑스 군대를 괴롭힌 질병이 바로 황열이야. 집단 생활을 하는 병사들은 물론 군대 지휘관들까지 세상을 떠나는 일이 잦았지! 거의 매일 수십 명의 군인들이 황열로 세상을 떠나자 프랑스는 더 이상 아메리카 대륙에 힘을 쏟기가 어려워졌어. 그래서 나폴레옹은 1803년에 아메리카 대륙에서 손을 떼기로 결정했지.

"우리 땅 사실래요?"

"조건만 맞는다면……."

나폴레옹은 미국 대통령 토머스 제퍼슨에게 오늘날의 미국 중앙부에 해당하는 땅을 헐값에 팔아 넘겼어. 미국은 순식간에 땅이 두 배로 넓어지게 되었지. 황열 덕분에 프랑스는 아메리카 대륙을 떠났고, 미국은 엄청난 땅을 차지하게 된 거야.

18세기부터 카리브 해 지역에는 황열이 크게 유행하고 있었어. 토착병처럼 보이지만 가끔씩은 감염된 환자를 통해 미국이나 남아메리카의 여러 도시에서도 유행을 하곤 했지. 1804년에는 마침내 황열이 유럽에도 전파되었어.

19세기 후반에는 브라질을 비롯한 남아메리카 지역에서도 수시로 유행했어. 글쎄 브라질의 리우데자네이루에서는 황열의 피해가 너무 커서 인구가 절반 이하로 줄었을 정도야.

이렇게 황열이 수시로 유행하다 보니 황열 연구에 뛰어드는 사람들이 많아졌어. 황열에 대하여 최초로 중요한 연구 결과를 얻은 사람은 쿠바의 카를로스 핀레이야. 미국에서 의학을 공부한 그는 1881년에 쿠바를 대표하여 참석한 국제회의에서 이렇게 말했어.

"황열은 모기에 의하여 전파된 것입니다."

훗날 이 가설이 사실로 증명되면서 핀레이는 '황열 연구의 아버지'라는 별명을 가지게 되었어.

18세기 말에 영국에서 독립한 미국은 19세기 말이 되자 세계 강대국 중의 하나가 되었어. 그러자 서서히 다른 나라에 대한 영향력을 키우고자 했어. 남아메리카로 진출하려는 미국이 무엇보다 시급히 해결해야 할 일은 황열로 인한 피해를 줄이는 것이었어. 태평양과 대서양을 잇는 파나마 운하 공사도 걸핏하면 유행하는 황열로 큰 어려움을 겪고 있었거든.

더욱이 1898년에 스페인과 전쟁을 벌였을 때 미국군 가운데 황열로 사망하는 사람들이 많아 황열 해결이 무엇보다 중요했단다.

그래서 미국은 황열을 퇴치하기 위해 수많은 학자가 참여한 연구팀을 구성했어. 이 연구팀의 책임자는 미국 군의관이던 월터 리드였고, 연구원으로는 세균학자 제임스 캐럴, 모기 전문가 윌리엄 라지어, 병리학자 아리스타이드 아그라몬트 등이 참여하고 있었어.

이들은 1900년에 쿠바에서 핀레이를 만나 "모기가 황열을 전파시킨다"라는 주장을 들었고, 이를 증명하기 위한 연구를 실시했어. 황열 환자들의 발생 분포 자료를 수집한 리드는 서로 만난 적이 없는 사람들이 황열에 걸렸다는 사실에 관심을 가졌어.

'한 집안에서 환자가 발생한다고 해서 다른 가족들에게 전파되는 경우도 흔치 않은데 멀리 떨어져 있는 사람에게 황열이 전파되는 것은 무엇인가가 이 질병을 옮겨 주고 있는 거야!'

모기가 황열을 전파시킨다는 가설은 증명하기가 아주 어려웠어. 황열은 환자 100명당 사망자가 적어도 20명, 많게는 80명에 이를 정도로 사망률이 높아 연구 진행이 더욱 어려웠지. 이때 라지어와 캐럴은 자신들이 직접 실험에 참여하겠다고 나섰어.

이 둘을 포함하여 9명의 지원자들이 황열 환자의 피를 문 모기에게 직접 물리는 실험에 참여했어. 이 실험에서 캐럴과 1명의 지원자가 황열에 걸렸어. 모기가 황열을 전파할 것이라는 가설이 옳다는 것이 증명된 것이지. 이 둘은 다행히 모두 정상으로 회복되었어. 그러나 안타깝게도 라지어는 황열 증상이 나타난 지 며칠 후 세상을 떠나고 말았어. 모기가 황열을 매개한다는 사실을 확인하기 위해 목숨을 바친 거야.

모기의 역할과 질병의 진행 양상을 알아낸 리드는 정리해서 보고서를 제출했어.

"모기 중에서 이집트 숲모기가 황열을 전파시키며 사람들끼리 접촉하는 것은 황열 전파와 무관하다."

미국은 이 보고서 내용을 토대로 1901년부터 쿠바에서 모기 박멸사업을 벌였고 이후 황열에 의한 군인들의 피해를 크게 줄일 수 있었어. 모기 박멸사업은 황열뿐 아니라 말라리아 환자 발생도 크게 줄였어. 파나마 운하 완공에 가장 큰 공헌을 한 것이 바로 모기 박멸이라 할 수 있을 정도야.

위에서 소개한 라지어 외에도 황열 연구를 하다 세상을 떠난 희생자가 더 있어. 황열 예방법을 연구하던 미국 간호사 클라라 마스는 약한 전염성 병원체에 노출되면 실제로 질병이 생기더라도 예방접종과 같은 효과를 얻을 것이라는 내용을 확인하기 위해, 1901년에 황열에서 회복된 다음에 심한 황열 환자를 문 모기가 자신의 피를 빨게 하는 실험에 동의했어. 그 결과 25세의 꽃다운 나이에 세상을 떠나야만 했어. 이른 나이에 세상을 떠났지만 미국 뉴저지의 한 병원은 그녀의 이름을 따서 그녀를 기억해 주고 있어.

노구치 히데요 기념 우표

　일본이 낳은 세계적인 의학자 노구치 히데요도 황열 연구를 하다 세상을 떠난 사람이야. 미국과 아프리카를 오가며 전염병 연구에 많은 업적을 남긴 그는 1918년부터 황열 연구에 뛰어들었어. 1927년 아프리카 가나에서 황열이 크게 유행하자 그는 가나로 가서 황열 연구를 계속했어. 그러다 1928년에 황열에 걸려 세상을 떠나고 말았단다.

　황열은 이렇게 많은 연구자들을 죽음으로 내몰았지만 이제는 예방접종법이 개발되어 크게 염려할 필요가 없는 질병이 되었어. 예방접종법을 발견한 사람은 남아프리카공화국 출신의 맥스 테일러야. 그는 1927년에 황열의 원인이 바이러스임을 증명했고, 이를 이용하여 원숭이와 생쥐에게 황열을 전파시키는 데 성공했어. 그리고 1930년에는 원숭이를 이용한 실험에서 예방백신을 개발했어. 이로써 인류는 황열을 극복하게 된 거야. 그는 이외에도 일본 뇌염, 뎅기열 등에서 훌륭한 업적을 거두었지. 1951년에는 '황열에 관한 발견과 그것과 싸우는 방법을 알아낸 공로'로 노벨 생리의학상을 수상했어.

　수많은 학자의 생명을 앗아간 황열은 테일러 덕분에 예방 가능한 질병이 된 거야.

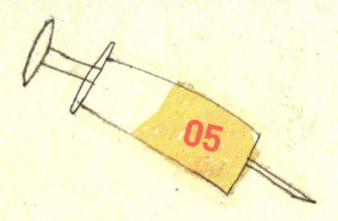

05 혈액형을 발견한 란트슈타이너

어른들 중에는 건강을 위해 곰의 쓸개즙을 먹는 사람들이 있어. 살아 있는 곰에게 고통을 주면서까지 곰의 몸속에 들어 있는 액체를 빨아먹는 것은 동물에게 고통을 주기도 하지만 무척이나 위험한 방법이야. 왜냐하면 곰의 몸에는 사람에게 병을 일으킬 수 있는 기생충이나 미생물이 들어 있을 수 있는데 끓이거나 요리를 하지 않고 먹으면 그것들이 고스란히 사람의 몸속으로 들어올 수 있기 때문이야. 게다가 곰의 쓸개즙엔 특별한 영양 성분이 들어 있는 것도 아니야. 오히려 우리 몸에 해가 될 수는 있어도 이로울 건 하나도 없어.

사슴 뿔을 자른 후 사슴 피를 마시는 것은 어떨까? 이것도 건강에 좋다는 증거를 찾을 수 없어. 아주 비싼 돈을 내고 사슴 피를 마시는 어른들이 있는데 사슴이 지닌 병원체가 사람의 몸에 감염될 위험이 있을 뿐 그리 권하고 싶지는 않은 방법이야. 건강해지고 싶으면 매일 조금씩이라도 운동을 하는 게 가장 좋은 방법인데 쉬운 방법을 제쳐 놓고, 왜 비싼 돈을 지불하여 병에 걸릴 일들을 하는지 답답하기만 해.

그런데 동물의 피를 마시는 것으로 모자라 옛날엔 건강을 위해 젊은 사람의 피를 먹거나 피를 받은 사람들이 있었어. 피를 받은 사람들이 살아남을 가능성이 전혀 없는 건 아니었지만 그건 확률이 지극히 낮은 일이었어.

건강을 위해 피를 마신 기록은 여러 군데에서 찾을 수 있어. 성서에는 피를 먹지 말라고 경고하는 내용이 있고, 로마 시대에는 건강을 위해 귀족들이 검투사의 몸에서 피를 빼내 마시기도 했어. 이집트의 파라오(고대 이집트의 최고 통치자)는 질병을 치료하기 위해 피로 목욕을 하기도 했다는데 도대체 그 피를 어디에서 얻었을까? 그에 대한 기록은 없어. 효과는 물론 없었을 거야. 15세기의 교황 인노켄티우스는 죽음을 앞둔 상태에서 소년의 피를 마셨지만 결국 죽고 말았대.

그 후로 사람들은 피를 마시기보다 수혈에 관심을 가지기 시작했어. 하비가 혈액순환을 발견한 후 영국에서는 동물 피를 사람에게 넣어 보기도 하고, 동물의 혈관에 약, 술, 오줌, 침, 다른 동물의 피 등을 넣어 보면서 어떻게 되는지를 관찰하기도 했어. 징그럽지? 동물보호론자들이 보기에는 기절초풍할 만한 일일 거야.

17세기가 되자 프랑스에서는 환자에게 동물의 피를 넣어 주는 치료법이 시도되기도 했어. 동물의 피를 사람에게 넣는다는 이야기가 엽기적으로 받아들여질 수도 있지만 어차피 죽을 바에야 동물 피라도 넣어 보자는 심정으로 동물의 피를 사람에게 수혈한 거야. 그래서 죽을 사람이 살아났다면 의학의 위대한 발견이 되었겠지. 사실은 그렇지 못했어. 동물 피를 수혈 받은 사람들이 죽어 버린 거야.

프랑스 정부는 중병에 걸린 환자가 최후 수단으로 동물 피를 수혈 받았다 해도 자꾸 죽어 가는 걸 그냥 볼 수는 없었기에 수혈을 금지하는 법을 선포했어. 그리고 이 법은 두 세기가 지날 때까지 유지되었어. 결과적으로 프랑스에서는 일찍 동물 피를 수혈하여 사고를 낸 경험으로 인해 다른 나라들이 사람 피를 수혈하게 되었을 때에도 늦게까지 수혈을 금지하는 결과를 낳고 만 거지.

　19세기 초에 영국의 제임스 블런델은 같은 종의 동물끼리는 피를 주고받을 수 있지만 서로 다른 종의 동물끼리는 피를 주고받는 것이 불가능하다는 사실을 발견했어. 그러므로 동물의 피를 사람에게 주입하는 것도 불가능하다는 사실을 깨닫게 된 것이지. 블런델은 여기에 그치지 않고 치료가 불가능한 중환자들에게 조수의 피를 뽑아 수혈을 시도

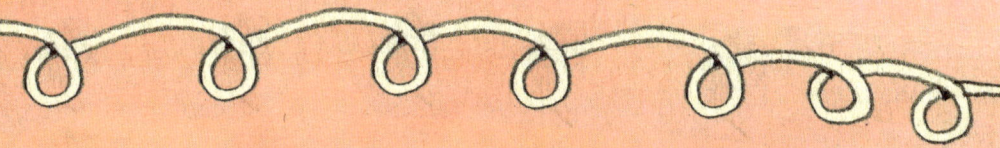

했어. 첫 시도에서는 환자가 죽는 바람에 성공을 거두지 못했지만 1822년에 분만 후 과다출혈을 일으킨 산모에게 조수의 피를 수혈하여 환자를 살렸어. 인류 역사상 최초로 사람의 피를 수혈하여 죽어 가는 사람을 살려 낸 것이지.

　피는 몸 밖으로 나오면 굳어. 그런데 다른 사람에게 피를 넣어 주려면 피가 굳어서는 안 되잖아. 지금이야 응고를 방지하는 방법이 널리 알려져 있지만 당시에는 응고방지 기술을 발명하고 혈액 알레르기를 해결하는 것이 수혈을 성공시키기 위한 가장 큰 과제였어.

　혈액 알레르기는 서로 맞지 않는 피를 혼합했을 때 혈액 속에서

덩어리가 생기는 현상을 가리키는 말이야. 피는 액체 상태로 온몸을 돌아다녀야 하는데 덩어리가 생기면 제대로 돌아다닐 수가 없게 해. 그래서 핏속의 덩어리는 생명을 잃게 할 수 있어. 가장 흔하게는 혈액형이 서로 다른 피를 혼합했을 때 덩어리가 생겨. 혈액형이 있다는 걸 몰랐던 시절에는 수혈했을 때 운이 좋아 혈액형이 맞으면 성공하고 혈액형이 맞지 않으면 죽을 수밖에 없었어.

우리 핏속에 혈액형이 있다는 걸 처음 알아낸 사람은 오스트리아의 카를 란트슈타이너야. 1868년에 출생한 란트슈타이너는 비엔나 대학교에서 의학을 공부했어.

혈액에도 종류가 있다는 것을 그가 알아챈 것은 1900년의 일이야. 정상인 사람의 혈액에 다른 사람의 혈액을 섞는 순간 서로 엉겨 붙어서 작은 덩어리(침전물)가 만들어진다는 것을 발견했지. 이 현상에 관심을 가진 그는 피를 바꿔 가면서 침전물이 만들어지는지 알아 보는 실험을 반복했고, 그 결과를 분석하여 사람의 혈액형에 세 종류가 있다는 사실을 발표했어.

그리고 다음 해에 알프레드 데카스텔로와 아드리아노 스툴리가 새로운 혈액형 한 가지를 더 확인함으로써 A형, B형, O형, AB형같이 오늘날 사용되고 있는 ABO식 혈액형 4가지가 모두 알려졌어.

지금은 수혈에 있어서 혈액형의 중요성을 익히 알고 있지만 ABO식 혈액형이 발표된 뒤에도 과학자들은 수혈이 왜 실패했는지 잘 몰랐어. 1910년에 에밀 둥게른과 루트비크 히르슈펠트가 "ABO식 혈액형은

부모로부터 자식에게 유전된다"는 사실을 알아낸 다음에야 그 중요성이 알려지게 되었지. 결과적으로 둥게른과 히르슈펠트의 발견은 그 분야 연구자들에게 큰 자극제가 되었어.

"혈액형이 유전이라는 중요한 현상과 관계가 있으니 다른 현상에도 관련될 가능성이 있지 않을까? 한 번 연구해 봐야겠군!"

그 후로 혈액형 연구는 수혈의 성공 가능성을 높여 주었어. 혈액형의 발견은 그동안 소강 상태에 머물러 있던 수혈 요법을 죽어 가는 사람을 살리는 데 이용되는 아주 훌륭한 치료법의 하나로 탈바꿈시킨 거야. 이를 통해 많은 사람들의 생명을 구했어.

란트슈타이너는 일찍부터 혈액에 관심이 많아서 ABO식 혈액법 분류 체계를 확립하는 것 외에도 혈액학 분야에 많은 업적을 남겼어. 혈액을 네 가지로 분류한 ABO식 혈액형 분류법은 의학 발전에 획기적인 공헌을 했으므로 스웨덴의 노벨상 선정위원회는 란트슈타이너를 1930년의 노벨 생리의학상 수상자로 결정했지. 노벨상을 탄 후에도 연구를 멈추지 않은 그는 1940년에 혈액 속의 Rh인자를 발견하여 Rh형 혈액형 분류법을 확립했으며 소아마비의 원인이 되는 폴리오바이러스 연구에서도 좋은 성과를 거두었어.

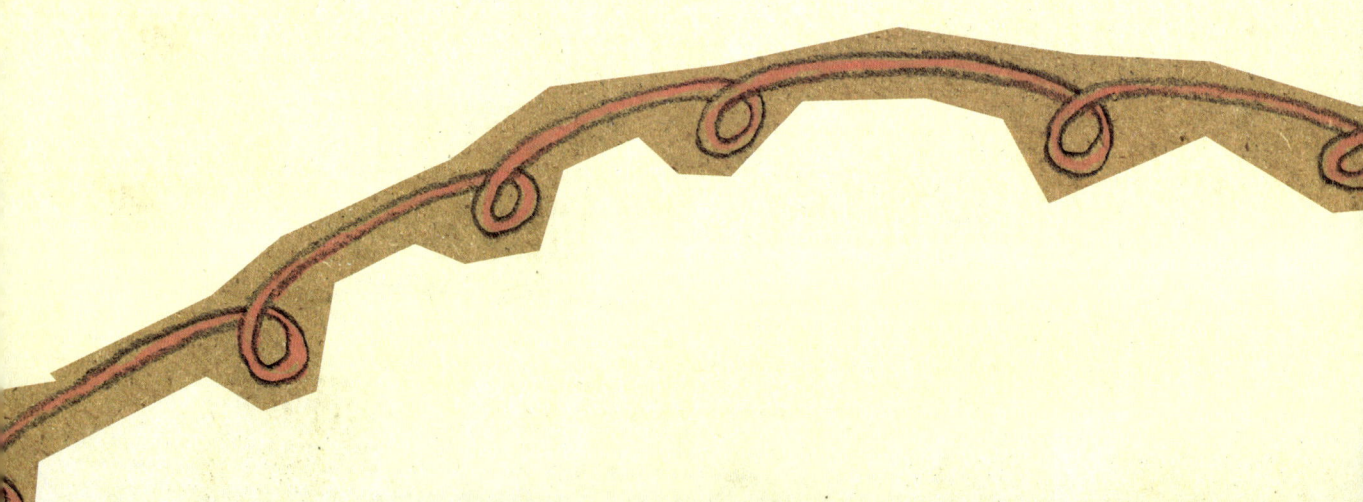

오늘날에는 헌혈을 통해 혈액을 확보한 후 수혈을 통해 죽어 가는 사람을 살리는 방법이 널리 행해지고 있어. 문제는 건강한 사람이 제공하는 피의 양보다 죽은 사람을 살리기 위한 피의 양이 더 많이 필요하다는 거야. 그래서 인공적으로 혈액을 만드는 방법이 연구되고 있어. 혈액형이 다른 사람에게 피를 수혈하는 방법도 일부에서 성공을 거두었단다. 앞으로 피에 대한 연구가 더 발전한다면 혈액형 구별 없이 피를 주고받거나 인공 피를 환자들에게 수혈해 죽어 가는 사람들을 살려 내는 길이 열릴지도 몰라. 의학의 발전은 참으로 대단해. 그렇지?

우표로 보는 의학사 03

1 뢴트겐

X선을 발견했어요.
1901년 최초의
노벨 물리학상을 받았어요.

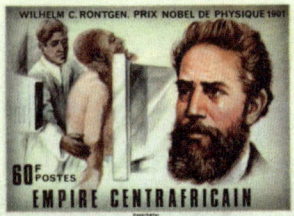

3 에를리히

최초의 화학요법제
살발산 606호를 발견했어요.

4 플레밍

최초의 항생제 페니실린을
발견했어요. 1945년에
노벨 생리의학상을 받았어요.

1895년

1908년

1928년

1901년

1932년

2 란트슈타이너

ABO식 혈액형을 발견했어요.
1930년에 노벨 생리의학상을
받았어요.

5 도마크

두 번째 화학요법제
프론토질을 발견했어요.
1939년에 노벨 생리의학상을
받았어요.

6
전자현미경 사용이 시작됐어요.

8 왓슨, 크릭, 윌킨스
1953년 DNA가 이중나선 구조를 하고 있음을 발견했어요. 1962년에 노벨 생리의학상을 받았어요.

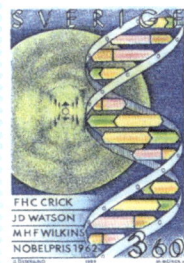

9 버나드
최초의 심장이식 수술을 성공시켰어요.

1953년

1938년

1967년

1980년대 이후

10
유전공학기법을 이용해 동물형질을 변화시켰어요.

2000년

1950년대

7
초음파를 의학적으로 이용하여 엄마 몸속의 아기나 사람들의 장기를 관찰하기 시작했어요.

11
인간 유전체 전체가 해독됐어요.

4장 자르고 가르는 외과 의술의 발전

의사가 환자를 치료하는 모습을 머릿속으로 그려볼 때 어떤 모습이 제일 먼저 떠오르니?

청진기를 환자의 가슴에 댄 모습, 약을 처방하는 모습, 머리 위에 달린 거울이나 등을 이용하여 환자의 얼굴을 들여다보는 모습, X선 사진을 관찰하는 모습……. 또 한 가지, 수술복을 입고 마스크를 한 채 수술대 위에 놓인 환자를 둘러 서서 칼을 들고 수술하는 모습이 떠오르지 않니?

사람의 몸에 칼을 댄다는 것은 치료를 위해 큰 상처를 내는 것과 다를 바가 없어서 한편으로는 무섭고 한편으로는 아프고 끔찍할 것이라는 생각이 들 거야. 하지만 수술로 고치기 어려운 병을 치료할 수 있으니 참으로 훌륭한 방법이라 할 수 있어.

아주 오래 전에는 의사라 하면 당연히 내과 의사를 가리켰어. 의학이 발전하지 않았던 시기에는 약효를 지닌 풀을 뜯어 먹는 것이 가장 쉬운 치료법이었을 테니 당연한 일이기도 해.

그런데 차차 의술이 발전하면서 환자의 몸에 칼을 대어 상처를 내

면서 불필요하거나 병이 생겨 어쩔 수 없게 된 부분을 잘라 내는 방법이 발전하게 되었어. 이와 같은 일을 담당한 의사를 외과 의사라고 하지. 내과와 외과를 구분하는 가장 쉬운 방법은 칼을 사용하느냐 아니냐를 기준으로 하는 거야. 최근에는 내과 의사도 사람의 몸 속을 들여다보는 기구(내시경)를 사용하여 이상이 있는지를 찾아낸 다음 이상이 생긴 부위를 직접 잘라 내기도 하지만, 몸 바깥에서 칼을 사용하여 몸 안쪽에 있는 부위를 잘라 내는 일을 하는 의사를 외과 의사라 하는 점은 지금도 마찬가지야.

외과 의술이 발전하기 위해서는 환자의 몸에 칼을 댔을 때 환자가 통증을 참을 수 있어야 하고, 수술에 의해 생긴 상처 부위로 질병의 원인이 되는 미생물이 침입하지 못하도록 해야 해.

이런 문제를 해결하면서 발전한 외과 의술은 오늘날 뇌 수술은 물론 한 사람의 몸에서 장기의 일부를 떼어 내어 다른 사람의 몸으로 옮기는 이식 수술까지 가능하게 했어. 참으로 비약적인 발전을 했다고 할 수 있지.

선사시대에도 뇌수술을

　우리 몸에서 가장 중요한 부위가 어디일까? 어느 한 곳 중요하지 않은 곳이 없겠지만 사람이 사람답게 살 수 있도록 전체적인 기능을 통제하는 곳은 바로 뇌야. 뇌는 겉으로 드러나지 않지만 단단한 머리뼈 속에 보관되어 있는 부분을 가리켜.

　머리뼈를 한 번 만져 봐. 아주 단단하지? 머리뼈는 왜 이렇게 단단한 걸까? 그것은 아마도 뼛속에 들어 있는 뇌를 보호하기 위해서일 거야. 뇌는 아주 중요한 기능하기 때문에 조금이라도 문제가 생기면 사람이 할 수 있는 능력의 일부가 손상되거든. 그래서 단단한 뼈로 둘러싸여 있지. 뼈 안에는 액체가 있어서 뇌는 떠 있는 모양을 하고 있어. 그래야 외부에서 전해지는 충격을 견디기가 더 쉬워지거든.

　뇌에 이상이 생겨 수술을 해야 한다면 단단한 머리뼈를 뚫고 들어가야 해. 그런데 신기한 것이 선사시대에도 머리 수술을 했다는 거야. 선사시대에서 선(先)은 먼저, 사(史)는 역사를 가리키니 '선사시대'란 역사 이전의 시대란 뜻이야. 역사는 기록이 남아 있는 시대를 가리키므로 선사시대는 기록으로 남아 있는 것보다 더 이전의 시대를 가리키는 말이 되지. 기록이 남아 있지 않으니 지금까지 전해지는 유물을 토대로 역사를 추리할 수밖에 없어.

　선사시대의 의학 수준을 알아내기 쉽지 않지만, 의학 수준이 낮았다는 건 누구나 예측할 수 있을 거야. 그런데 분명한 것은 남아 있는 유골로 추정해 볼 때 선사시대에 이미 뇌수술을 했다는 점이야.

　뇌수술의 증거는 바로 구멍이 뚫려 있는 머리뼈야. 1870년 구멍 뚫린 머리뼈가 유럽의 퇴적층에서 처음 발견되었어. 1870년이라면 마취제가 겨우 사용될까 말까한 시기이고, 무균 상태로 수술하는 방법이 막 개발되던 시기잖아. 그랬으니 의사들의 수술 실력이나 성공률은 형편없다고 할 수 있어. 수술에 익숙하지 않았던 시기에 구멍이 뚫린 머리뼈를 발견했으니 처음에는 이 구멍이 뭘

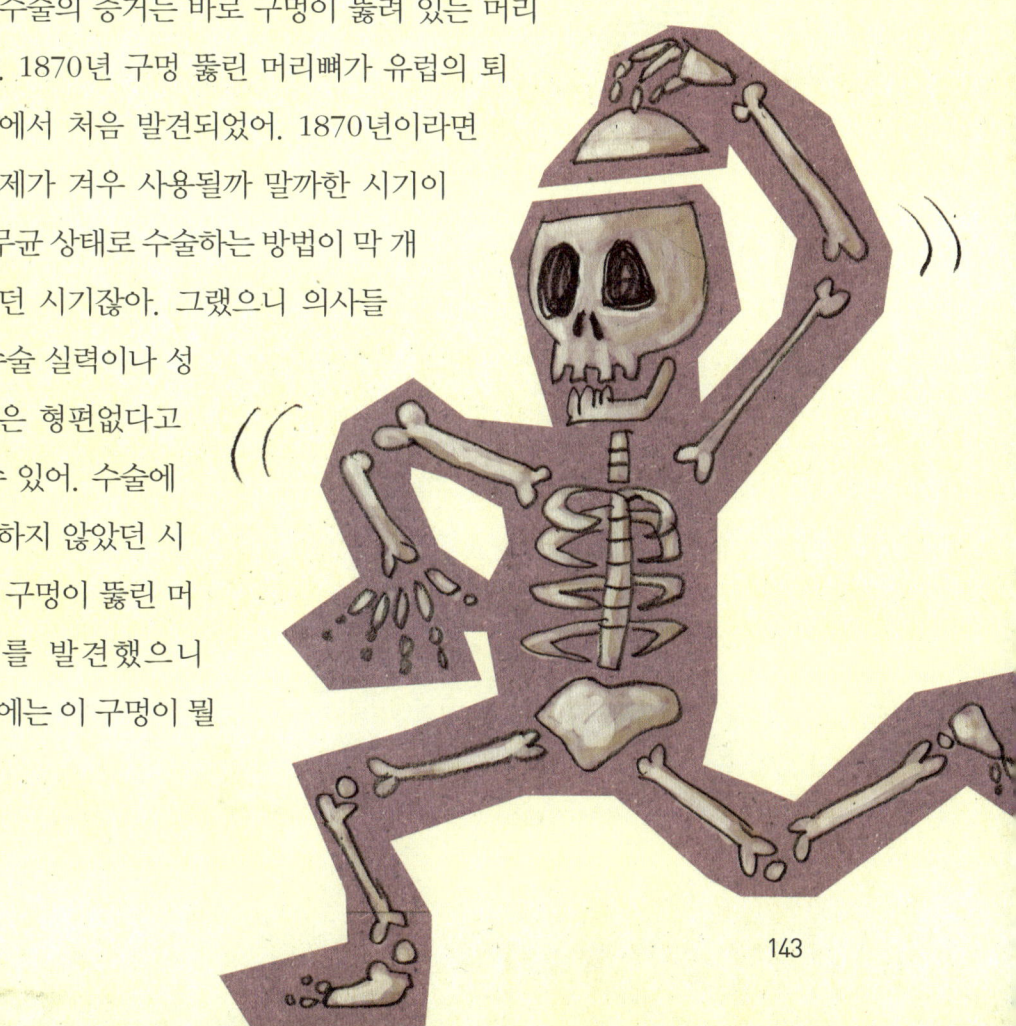

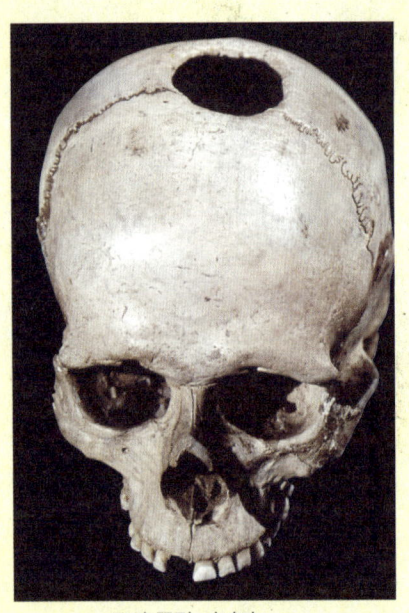

구멍 뚫린 머리뼈

의미하는지 이해하기가 어려웠어. 그러나 구멍의 모양을 자세히 관찰한 결과 인위적으로 뚫은 구멍이라는 것을 알게 되었어. 당시 의사들은 무척이나 놀랐을 거야.

어쩌다 우연히 머리뼈에 구멍이 뚫린 것을 가지고 '수술의 흔적'이라는 호들갑을 떠는 게 아니냐고?

머리뼈에 뚫린 구멍은 수술의 흔적이 분명해. 내 말이 의심스러우면 사진을 잘 봐. 저런 구멍의 모양이 자연적으로 뚫릴 수 있겠어? 누군가가 고의로 낸 구멍이 분명해.

오늘날에는 환자들이 수술방에 들어가면 마취를 한 후 수술을 시작하기 때문에 마취에서 깨어났을 때는 이미 수술이 끝난 다음이잖아. 이와 비교하면 선사시대에 마취도 하지 않은 상태에 수술을 했다는 것은 이해하기 쉽지 않아. 게다가 단단한 머리뼈를 다루기 위해서는 아주 날카로운 도구를 써야만 해서 도구가 덜 발달한 과거에는 지금보다 수술이 훨씬 어려웠을 거야.

선사시대 사람들이 왜, 어떻게 머리뼈에 구멍을 뚫었을까? 확실치 않지만 추측은 가능해. 아마 도저히 어떻게 할 수 없을 정도로 두통이 심한 경우 또는 가끔씩 환상이 보이고 정신을 잃는 간질(몸이 굳으면서 정신을 잃는 발작성 질병) 환자의 뇌에서 악령을 몰아내기 위해 구멍을

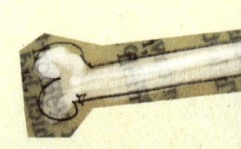

냈을 거야. 당시에는 간질병의 원인이 귀신이 든 것이라고 생각했거든. 그랬으니 두통을 없애거나 귀신을 몰아내기 위해서 뇌에 구멍을 냈을 거야. 또 머리뼈를 손상시킬 수 있는 무기가 사용된 지역에서 구멍 뚫린 머리뼈가 흔히 발견되는 걸로 봐서 상처가 생긴 머리뼈의 조각을 제거하거나 머리뼈 속의 압력을 조절하기 위해 수술을 한 걸로 보여.

   머리뼈에 구멍이 뚫린 모양은 대부분 둥글지만 가끔씩 각이 진 경우도 있어. 또 발견되는 장소는 유럽의 거의 모든 지역과 페루를 비롯한 남아메리카 지역, 아프리카의 일부 지방이야. 머리뼈의 수술은 전 세계적인 현상이었다고 해도 무리가 아니야. 신기한 것은 우리나라에서도 가야시대 고분에서 구멍 뚫린 머리뼈가 한 개 발견됐다는 거야. 이게 무엇을 의미하는지는 더 연구를 해 봐야 하지만 호기심을 끌기에는 충분해.

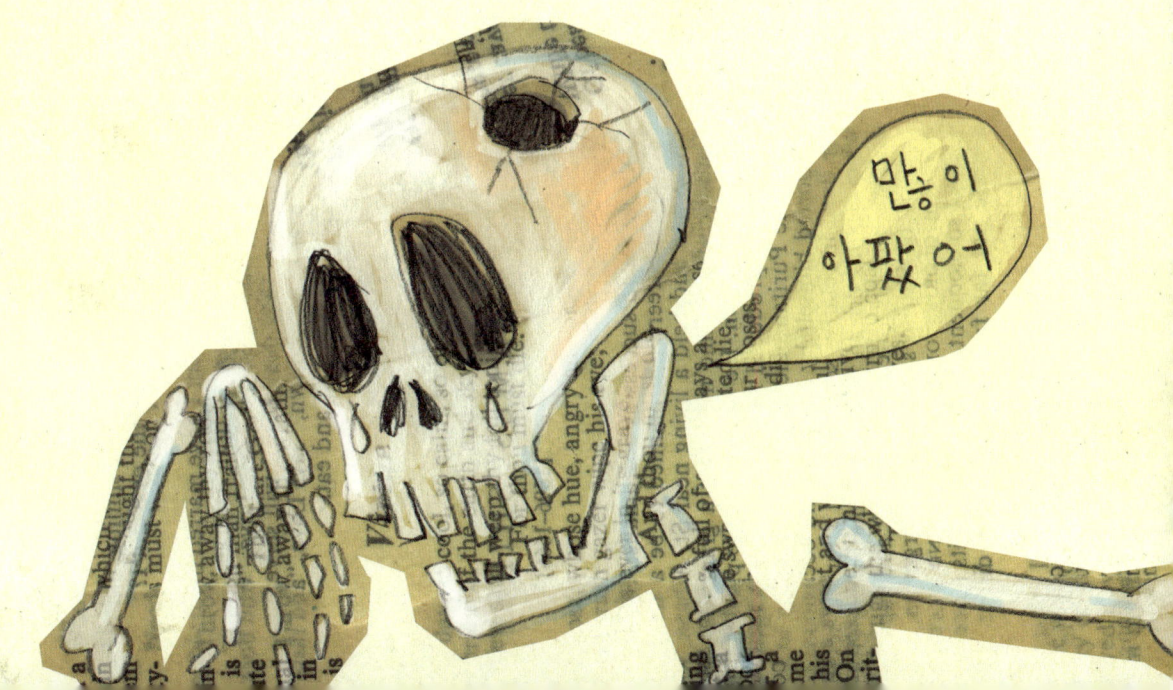

중세의 네덜란드 화가 히로니뮈스 보쉬가 그린 뇌수술 장면.

그럼 수술 실력은 어느 정도였을까? 수술에 의해 상처가 생기면 외부에서 병을 일으키는 미생물이 들어오므로 수술이 잘 된다 하더라도 수술 후에 발생한 이차감염으로 죽은 사람이 많았을 거라 생각할 수 있지만 의외로 수술 후에 꽤 오래 산 흔적을 찾을 수 있어. 뼈가 부서진 후에도 사람이 살아 있으면 자연치유 능력에 의해 부서진 뼈 주변에 새로운 뼈가 자라나거든. 이 뼈를 가골(가짜 뼈)이라고 해. 가골이 생긴다는 것은 수술 받은 사람이 꽤 오래 살았음을 의미하는데 선사시대의 구멍 뚫린 머리뼈에서도 가골이 흔히 발견되며, 이것은 수술 결과가 꽤 좋았음을 보여 주는 것이야.

19세기에는 뇌에 있는 작은 부위들이 어떤 기능을 하고 있는지 본격적으로 연구되기 시작했어. 뇌와 연결된 신경계를 포함하여 흔히 뇌신경계라는 말을 사용하곤 하는데, 이곳은 인체의 다른 부위와 비교하면 아직 모르는 내용이 많은 곳이야. 게다가 뇌신경계는 인체의 어떤 다른 부위보다 복잡하고 이해하기 어려워서 오늘날까지도 가장 미지의 영역으로 남아 있어.

20세기 중반에 포르투갈의 에가스 모니즈는 뇌를 수술하는 새로운 방법을 개발하여 노벨 생리의학상을 수상했어. 모니즈는 뇌 수술법을 고안하기 전에 혈관을 잘 볼 수 있게 하는 물질(이를 '조영제'라고 한다)을 찾아내고, 혈관에 이 물질을 집어넣어 촬영하는 방법을 개발함으로써 뇌에 생긴 질병을 진단하는 데 큰 공헌을 했어. 또 뇌의 특정 부위에 이상이 생기면 어떤 증상이 나타나는지 알아내는 일에도 열심이었어.

그가 남긴 가장 유명한 업적은 뇌엽절제술이야. 사람의 뇌에서 왼쪽과 오른쪽이 하는 기능이 다르다는 사실을 아니? 모니즈가 개발한 뇌엽절제술은 뇌에 이상이 생긴 환자의 뇌에서 좌뇌와 우뇌를 연결하는 부위를 잘라 주는 방법이야. 즉 좌뇌와 우뇌가 하는 일이 다르므로 사람의 뇌가 완전한 기능을 하기 위해서는 양쪽이 활발하게 정보를 주고받아야 하는데 연결 부위를 잘라 버리면 고차원적인 기능을 못 하게 된다는 게 그의 이론이었어.

정신에 문제가 생긴 사람은 이렇게 연결 부위를 잘라 놓으면 이미 생긴 문제가 드러나지 않을 거라는 생각으로 뇌엽절제술을 고안한 거야. 20세기 중반까지는 뇌에 생긴 정신과적 문제를 해결할 수 있는 방법이 거의 없어서 그의 방법은 금세 세계적으로 널리 이용되었어.

모니즈의 수술법이 이렇게 빠른 시간에 퍼져 나가기 시작한 것은 제2차 세계대전으로 인하여 정신이 피폐해진 사람들이 많았기 때문이야. 뇌의 일부를 잘라 낸다는 것은 아주 위험한 일이기 때문에 뇌엽절제술은 정상 생활을 할 수 없는 절망적인 환자를 위한 최후의 치료법으로만 이용되어야 했어. 그런데 실제로는 엉뚱한 행동을 일삼아서 남에게 피해를 주는 사람들의 나쁜 행동을 통제하기 위해 이 수술을 이용하기도 했어. 그래서 수술 방법에 대한 반대의견이 많아지기 시작했어.

뇌엽절제술이 환자에게 아무 도움도 되지 못한다는 주장이 제기되기도 하고, 뇌의 일부를 함부로 잘라 내어 뇌가 담당하는 고도의 기능을 못하게 하는 것이 윤리적으로 합당한 치료법인가 하는 논란도 일어났어. 실제로 수술을 받은 환자는 원상태로 복구할 수 없는 뇌손상을 입어서 성격이나 감정에 이상이 생기는 경우가 많았어. 결국 1970년대 이후에는 이 수술법이 거의 사용되지 않게 되었지.

그렇다고 해서 모니즈의 방법이 전혀 쓸모없는 이야기라는 건 아니야. 왜냐하면 최근 의학 기술이 발전하면서 다시 뇌의 일부분을 절제하는 방법이 이용되기 시작했거든. 오늘날에는 뇌의 어떤 부위에 이상이 있는지를 삼차원 영상으로 볼 수 있는데다 그 기능까지 눈으로 보는 방법이 개발되었기 때문에 뇌에 생긴 미세한 작은 이상까지 찾아낼 수 있게 되었어. 모니즈가 개발한 것과 똑같은 수술법은 아니지만 뇌의 특정 부위를 잘라 내어 뇌 기능의 이상을 바로잡는 방법이 이용되고 있거든. 어떤 면에서는 모니즈가 선구자 역할을 했다고 할 수도 있어.

철막대가 머리에 박힌 게이지

1848년 9월 13일의 일이야. 미국 버몬트의 철도 공사장에서 아일랜드 출신의 피니어스 게이지라는 일꾼에게 끔찍한 사고가 발생했어. 불의의 사고로 막대 모양의 철덩어리가 머리에 박혀 버린 거야. 그 철막대의 길이는 약 110센티미터, 굵기는 3센티미터가 넘었고, 무게가 6킬로그램이었어. 이런 크고 긴 막대가 머리에 박혔다는 걸 상상해 봐. 얼마나 무시무시해!

이 철막대는 왼쪽 뺨과 머리 윗부분을 관통했고, 그래서 왼쪽 뇌의 상당 부분이 손상을 입었어. 다행히 수술로 게이지는

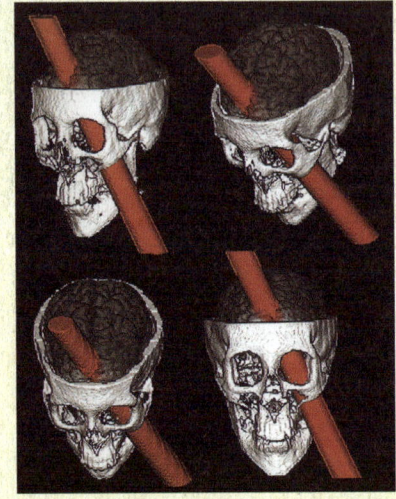

게이지의 머리를 관통한 쇠막대의 컴퓨터 합성사진

목숨을 건질 수 있었지. 이렇게 큰 손상을 입고도 살아났으니 기적이라 하지 않을 수 없어.

그런데 그로부터 수개월이 지나자 게이지의 성격에 변화가 생기기 시작했어. 기억이나 지능에는 아무 이상이 없었지만 온순하고 영리하던 성격이, 반항적이고 불손한 성격으로 변해간 거야. 이로 인해 과학자들은 대뇌의 이마엽(전두엽) 부분이 성격을 결정한다는 사실을 알게 되었고, 뇌의 각 부분이 어떤 기능을 하는가에 대한 연구가 널리 행해지게 되었어. 게이지에게는 안된 일이지만 덕분에 뇌 기능에 대한 연구가 한층 빨라지게 된 거야.

외과학의 기초를 닦은 파레

　수술에서는 통증을 없애고 상처에 질병을 일으키는 미생물이 침입하지 못하도록 막는 것이 아주 중요해. 그래서 옛 사람들은 통증을 줄이기 위해 기분이 좋아지는 약초나 술을 이용했고, 상처 부위로 병균이 침입하는 것을 막기 위해 뜨거운 기름을 부었어. 그러는 와중에 새로운 방법이 나타나기도 했는데 그것도 환자들이 감당하기 어렵기는 마찬가지였어. 그게 뭐냐고? 상처 부위를 불로 지지는 거야. 생각만 해도 끔찍하지?

　지금은 상처를 깨끗이 닦은 후 소독약을 바르고, 반창고로 덮은 다음 피부가 자라서 아물기를 기다리잖아. 그런데 수백 년 전에는 상처를 치료해야 한다는 건 알았지만 적당한 소독약이 없어서 불로 지져 그 부위를 메꾸었던 거야.

이 방법을 언제부터 시도했는지는 확실치 않지만 총이 나온 후에 더 많이 행해진 건 분명해. 실제로 총을 쏴 보면 알겠지만 총알이 나가는 힘은 열에너지를 만들어 내기 때문에 총알이 아주 뜨거워지게 돼. 총에 맞은 사람들이 생각보다 피가 적게 흐르는 것은 총알이 닿은 부위가 워낙 뜨거워서 이 열이 모세혈관을 막아 버리기(지져 버리기) 때문이야. 물론 아주 굵은 혈관에 상처를 입히는 경우에는 계속 피가 흐르지만, 총을 사용하면서 뜨거운 열이 상처 부위를 보호할 수 있다는 사실을 알게 된 거지.

그런데 불로 상처 부위를 지지는 것은 무척이나 뜨거울 뿐 아니라, 상처 부위에 돌이킬 수 없는 흉터를 남기기도 해. 그래도 안 하는 것보다는 낫다는 이들이 있었고, 그렇게 하느니 치료 받기를 포기하는 경우도 있었어.

의학이 발전하면서 '의사' 역할을 하는 사람들이 담당한 일은 주로 약을 쓰는 일이었어. 오늘날과 비교하면 내과 의사의 역할을 했다고 볼 수 있어. 내과 의사와 별도로 수술을 담당한 의사들이 등장했는데 대부분 이발사 출신들이었어. 수술을 하려면 칼이나 가위 같은 수술 도구를 다루어야 하는데 이들 도구를 다루는 데 익숙한 사람이 바로 이발사였거든. 수술이 필요할 때면 내과 의사들은 이발사를 불러 수술을 하게 했어. 그래서 이발사들이 수술을 담당하게 되었지. 또 이발사들은 죽은 사람을 해부하기도 했어. 이발사들은 사람의 몸을 연구하고 공부할 때 해부학 교수가 불러 주는 대로 옆에서 해부도구를 들고 직접 해부를 했던 것이지. 당시의 이발사들은 해부학과 외과학에서 빼놓을 수 없는 역할을 했다고 할 수 있어.

중세가 끝나갈 무렵이 되자 외과 의사로서 명성을 남긴 여러 의사들이 등장했어. 그 중에서 가장 유명한 사람은 1510년에 프랑스에서 태어난 앙브루아즈 파레였어. 당시 외과 의학이 발전한 것은 전쟁에서 총의 사용이 일반화된 것과도 관련이 있어. 총상을 입은 환자들이 많아져 이들을 치료하면서 외과 의술이 발전한 거야.

파레가 태어나기 전까지 몇몇 유명 외과 의사들이 있기는 했지만 전반적으로 외과 의사들의 실력은 형편없었고, 제대로 교육을 받지도 않았어. 경험과 곁눈질로 얻은 지식을 통해 수술을 했을 뿐이야. 예외적으로 영국에서는 이발사 출신의 외과 의사들에게 공식인가를 해 주기도 했지만 그렇다고 그들의 실력이 특별히 뛰어난 것도 아니었어.

파레는 파리에 있는 오텔디외 병원에서 의학을 배웠어. 그리고 입대하여 군의관으로 일하게 되었지. 26세에 프랑스가 이탈리아 북부로 쳐들어갈 때 처음 참전한 그는 책에서 본 대로 펄펄 끓는 기름에 여러 가지 약과 벌꿀을 섞은 용액으로 총상 부위를 치료했고 그 과정에서 환자들이 얼마나 고통스러워하는지를 체험했어. 그런데 많은 환자를 치료하면서 듬뿍 듬뿍 사용하다 보니 얼마 못 가서 기름이 떨어지고 말았어. 그래서 임시방편으로 흔히 사용하는 기름 대신 테레빈유에 달걀 흰자와 장미기름 등을 섞어 응고시킨 다음 상처 부위에 발라 보았어.

그런데 이게 웬일! 환자를 걱정하며 아침에 일어났는데 환자들이 밤새 거의 고통을 느끼지 않은 채 평온하게 하룻밤을 보낸 걸 알게 된 거야. 상처 부위의 통증이 약해지고, 열도 내렸으며, 부어 있던 피부 표면도 가라앉은 상태였어. 그런데 펄펄 끓는 기름으로 치료한 부상자들은 상대적으로 열이 심하고, 통증과 부기도 가라앉지 않은 상태였어. 이때부터 파레는 책에 나와 있는 대신 자신이 개발한 방법을 사용하기로 결심했어. 새 치료법을 개발하기 위해 계속 노력을 했지. 사실 달걀 흰자에는 미생물을 자라지 못하게 하는 라이소자임이라는 물질이 들어 있고, 테레빈유는 화학적 소각작용을 일으키는 성질을 지니고 있기 때문에 효과가 좋았던 것은 당연한 일이야.

  파레는 자신의 경험을 바탕으로 총상을 어떻게 치료하는 것이 좋겠는지에 대한 논문을 썼고, 이 내용이 다른 의사들에게 받아들여지면서 바로 유명해졌어.

'외과학의 아버지'라 불리는 파레

16세기의 의과대학에서는 외과는 무시하고 주로 내과만 가르쳤어. 파레는 의과대학을 다니지 않고 병원에서 외과 의술을 배운 다음 경험을 통해 얻은 지식을 바탕으로 훌륭한 업적을 남긴 것이 특징이야. 덕분에 의과대학 출신이 아니면서 대학교수로 임명될 수 있었어. 당시의 의학책이 주로 라틴어로 씌어진 것과 달리 파레는 프랑스어로 책을 쓴 까닭에 더 크게 명성을 떨칠 수 있는 기회를 놓쳤지만 워낙 능력이 뛰어났기 때문에 최고 의사로서의 명예를 얻을 수 있었어.

파레는 오늘날에도 이용되는 여러 가지 새로운 치료법을 개발하기도 했어. 상처 난 혈관에 피가 흐르는 것을 막기 위해 불로 지지는 대신 혈관 윗부분을 묶는 것이 한 예야. 그러면 통증 없이 피를 멈추게 할 수 있으니 지지는 것보다 훨씬 편리하지. 또 새로운 형태의 부목, 망가진 부위를 회복하기 위한 보철기구 등을 개발하기도 했어.

파레는 1561년에 『사람 머리의 상처와 골절을 치료하는 법』을 비롯하여 여러 저서를 남겼어. 특정 분야에서 발전의 기초를 닦은 사람을 흔히 아버지라 하는데 파레가 '외과학의 아버지'라는 별명을 가지게 된 것은 지극히 당연한 일이야.

파레가 외과 의학에 대한 지식을 크게 발전시켰음에도 불구하고 그의 지식이 유럽과 세계 곳곳으로 전해지는 데에는 수백 년의 시간이 걸렸어. 앞에서 소개했듯이 파스퇴르가 광견병 백신을 개발한 것은 19세기의 일이었지만 파레가 죽은 후 300년이 지날 때까지도 모국인 프랑스에서조차 상처 부위(개에게 물린 부위)를 지지는 방법이 남아 있었어. 오늘날처럼 교통과 통신이 발달한 시대에서는 정말 이해하기 힘든 일이지.

파레가 있었기에 외과 의학도 의학의 한 분야에 들어오게 되어 내과와 외과가 동등한 입장에서 의학이라는 학문 테두리 안에서 발전할 수 있게 된 거야. 이것이 파레의 가장 큰 공헌이라 할 수 있지.

03 마취제가 발견되기까지

"잠 한 번 자고 나면 수술이 끝난다". 이 말은 결코 과장이 아니야. 지금은 수술을 받을 때 마취를 하고 나면 아무것도 모르는 사이에 수술이 끝나 회복실에 나와서 눈을 뜨곤 해.

이렇게 수술 받기가 쉬워진 것은 효과가 좋은 여러 가지 종류의 마취제가 개발되어 널리 사용되기 때문이야. 그런데 마취제가 처음 발견되는 과정은 그리 순탄치 않았어. 어느 정도의 양을 얼마나 오래 사용해야 하는지를 몰랐거든. 그런 상태에서 마취를 대충 하다 보니 효과가 없어서 통증을 없애지 못한 경우도 있었고, 마취제 용량이 많은 경우에는 그 효과가 너무 강해서 마취 후에 깨어나지 못하는 경우가 있었던 거야. 또 돈에 눈이 먼 발견자들이 서로 자신의 업적을 놓고 싸우다 불행한 결말을 맞기도 했어. 마취제 개발 초기에는 골치 아픈 일들이 많이 발생했던 거지.

알코올과 약초 이 외에 최초로 마취 효과가 있는 물질을 발견한 사람은 19세기 초에 활약한 영국의 험프리 데이비야. 데이비가 학자로서의 명성을 쌓아 가던 시기는 화학이 아주 크게 발전하면서 새로운 물질을 찾아내고, 그 물질의 기능이 무엇인지를 확인하는 연구가 유행하던 시기였어. 데이비도 다른 화학자들처럼 새로운 물질이 있으면 냄새를 맡곤 했지. 그러던 어느 날 아산화질소의 냄새를 맡자 기분이 좋아지면서 통증이 사라진다는 사실을 알게 되었어.

'아산화질소를 사용하면 이를 뺄 때 통증을 줄일 수 있을 거야.'

데이비는 직접 시험을 하여 그 효과를 경험하고는 자신의 발견이 확실히 의학적으로 효과가 있다는 사실을 깨달았어. 그리하여 아산화질소를 사용하면 사람의 몸에서 발생하는 통증을 줄일 수 있고, 외과 수술을 할 때 이를 이용하자는 논문을 발표했어. 그러나 아무도 이 내용에 관심을 기울이는 사람이 없었어.

가끔씩 아산화질소를 들이마시면서 즐거움을 느끼곤 하던 데이비는 친구들을 초대하여 함께 아산화질소를 들이마시기도 했어. 그 중 한 명인 새뮤얼 콜리지는 이 기체를 '웃음을 자아내는 기체'라고 이름 붙였어. 그리고는 강연 중에 청중들에게 실제로 냄새를 맡게 해 주는 방법으로 인기도 끌고 아산화질소가 효과가 있다는 사실도 알리곤 했어. 하지만 이를 마취제로 활용한 의사는 없었어. 그로부터 약 40여 년 간 파티에서 흥을 돋구기 위한 목적으로 이용될 뿐이었지.

혹시 과학 실험시간에 동물을 마취시켜 본 적이 있니? 개구리나 토끼를 마취시키기 위해 가장 많이 사용하는 것은 에테르와 클로로포름이야. 역사적으로 아산화질소에 이어서 등장한 마취제가 바로 이 두 가지야.

외과 수술은 물론 치과에서 이를 뽑아낼 때도 통증이 심하므로 지금은 마취제를 이용하여 이를 뽑잖아. 마취제에 관심을 가진 의사들이 효과를 확인하기 위해 시험 삼아 처음 이용해 본 것도 몸에 생긴 종기를 떼어 내거나 이를 뽑는 방법이었어.

19세기 중반이 되자 에테르가 마취 효과가 있다는 사실이 알려지기 시작했어. 미국에서는 크로퍼드 롱이라는 외과 의사가 우연히 파티에 참석한 사람들이 에테르 냄새를 맡고 환각 상태에 빠진 후에는 상처를 입어도 통증을 느끼지 못한다는 사실을 알게 되었어. 꽈당 넘어져 피가 나도 아픈 줄 몰랐던 거야. 그는 1842년에 환자를 에테르로 마취시켜 무통으로 종양 수술을 하는 데 성공했어.

한편 1844년에 미국의 치과의사 호레이스 웰즈가 웃음가스 파티에 참석을 하게 되었어. 아내와 함께 참석한 그는 아산화질소를 들이킨 사람이 몸을 제대로 가누지 못할 정도로 즐거워하며 흐느적거리는 것을 지켜보았어. 가스를 마신 사람이 중심을 잃고 넘어지면서 의자 모서리에 몸을 크게 부딪혔지만 전혀 아프지 않은 듯이 계속해서 무대를 휘젓고 다니다가 내려오는 것을 보고는 치과에서 이용하겠다는 생각을 했던 거야. 다음 날 직접 아산화질소를 들이마신 후 조수에게 이를 뽑게 해서 아무런 고통 없이 이를 뽑을 수 있다는 사실을 증명했어. 그는 자신의 치과에 내원한 환자들에게 이용하였고, 소문이 퍼지면서 그의 의원은 만원을 이루었지.

그런데 문제는 공개시험에서 생겼어. 지금도 최고지만 당시에도 최고 병원의 하나인 하버드 대학교 병원에 있던 윌리엄 모턴에게 웰즈는 자신이 발견한 기체로 마취를 시킨 후 이를 뽑는 공개시연을 하자고 제의했고, 모턴은 그 병원의 외과의사인 존 워렌의 허락을 얻어 공개시험을 계획했어. 그러나 공개시험에서 아산화질소를 흡입한 환자가 이를 뽑는 도중에 통증을 느껴 으아악 소리를 지르고야 말았어. 공개시험은 실패로 돌아갔지. 나중에 밝혀진 이유는 이때 사용한 아산화질소의 양이 너무 적었기 때문이었어.

시험에서 창피를 당한 후에도 마취제에 대한 관심을 버리지 않은 모턴은 같은 병원의 의사이던 찰스 잭슨에게서 에테르도 아산화질소와 비슷한 마취 작용이 있다는 이야기를 듣게 되었어. 그래서 에테르로 마취시킨 환자에게서 이를 뽑아 보고는 이것이 사실이라는 것을 확인했어. 그는 이것을 신문에 발표했지만 자신이 발견한 마취제가 에테르라는 사실은 밝히지 않고, "통증을 줄이는 효과가 뛰어난 물질을 발견"했다고만 했어.

이후에 모턴은 공개시연에서 에테르로 마취한 환자의 목 부분에서 종양 조직을 떼어내는 데 성공했고, 에테르를 이용하여 대퇴골(넓적다리 뼈) 수술에서 환자가 통증을 느끼지 못하게 했어. 자신이 발견한 에테르가 수술할 때 통증을 줄이는 데 탁월한 효과가 있음을 보여 주었던 거야. 이 사실은 곧 영국에도 전해져 1846년에는 미국과 영국에서 동시에 에테르를 이용하여 통증을 느끼지 못하는 상태에서 수술하는 일이 성공을 거두었어.

한편 클로로포름은 영국에서 처음 사용되었어. 1847년 어느 날, 제

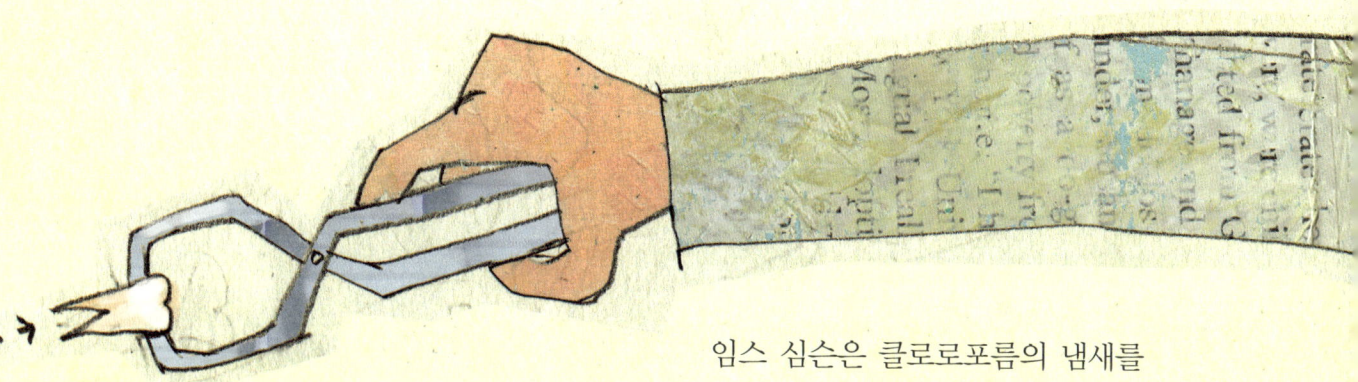

임스 심슨은 클로로포름의 냄새를 맡으면 기분이 좋아지고, 마취 효과를 지닌 다는 사실을 알게 되었어. 자원자들과 자신이 직접 시험한 결과 클로로포름 냄새가 기분을 좋아지게 하며 말이 많아지게 하고 향기에 대한 찬사를 하며 신나게 떠들게 한다는 것을 발견했어. 심슨은 반복 실험을 통해 클로로포름의 효과가 에테르보다 더 뛰어나다는 사실을 알게 되었고, 이를 의학적으로 이용하리라 마음먹었어.

심슨은 에테르 대신 클로로포름을 분만에 이용하여 큰 성공을 거두었어. 또 팔에 이상이 생긴 4세 어린이의 팔을 절단하는 과정에서 아기가 울지 않게 수술하는 데에도 성공을 거두었어. 스노는 빅토리아 여왕

이 레오폴드 왕자와 베아트리스 공주를 낳을 때 일정한 간격으로 클로로포름 냄새를 맡게 함으로써 여왕이 통증 없이 분만하도록 도와주었어. 이것은 무통분만이 널리 퍼지는 데에 큰 공헌을 했어. 이후 마취제는 분만은 물론 각종 수술 등에 널리 이용되기 시작했어.

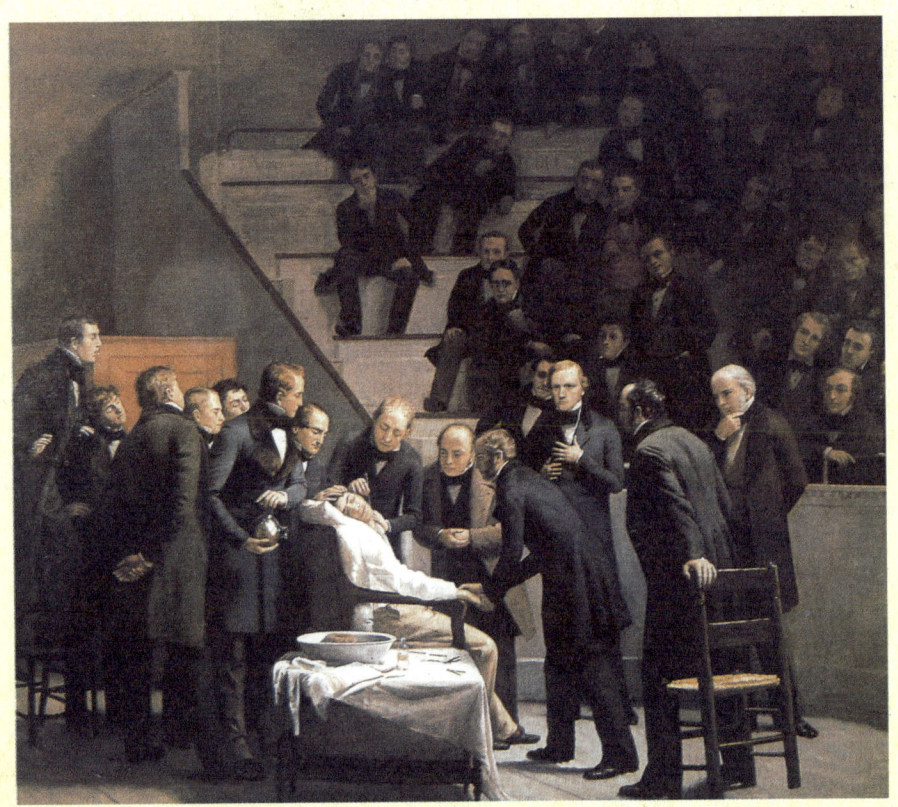
1846년 10월 16일 매사추세츠 종합병원에서 공개적으로 이뤄진 마취를 이용한 수술 장면.

이차감염을 막지 않으면 수술은 실패한다

　1840년대에 마취법이 개발된 직후에 수술의 문제점을 해결할 수 있는 또 다른 방법이 개발되고 있었어. 수술 후에 발생하는 이차감염을 예방할 수 있는 방법이었지.

　수술을 할 때에는 칼을 사용하기 때문에 피부에 커다란 상처가 생기고 피가 흐르게 돼. 피를 멈추게 하기 위한 지혈법은 파레를 비롯한 여러 학자들이 개발했지만 피를 흐르지 않게 한다 해도 상처 부위를 통해 병균이 침입하는 것을 완전히 막을 수는 없었어. 그래서 수술이 병을 낫게 하기는 했지만 수술 후에 상처 부위를 통해 병균이 들어오면서 다른 병에 의해 목숨을 잃는 일이 많이 발생했어.

　파스퇴르는 1860년대에 이런 현상이 미생물 때문이라는 것을 밝혔어. 그러나 파스퇴르의 가설이 증명되기도 전에 이미 이차감염 예방법을 알아낸 사람들이 있었으니 이들의 업적이 훌륭하다고 하지 않을 수 없어.

 균을 죽이는 것은 '멸균'이라 하고, 균이 침입하지 못하도록 예방하는 것을 '소독'이라고 해. 멸균과 소독에 대한 내용은 고대 이집트에서도 알려져 있었어. 이집트 사람들은 상처가 생기면 상처를 통해 더 큰 병이 생길 수 있으므로 상처를 그냥 두면 안 되고 다른 병을 예방하기 위해서 불로 그 상처를 지져야 한다고 생각했어. 파레가 이 방법을 개량하여 더 좋은 방법을 개발했다는 이야기는 이미 했지?

 마취법이 개발된 19세기 중엽에 이르기까지 수술 후에 발생하는 이차감염은 패혈증이라는 무서운 병의 원인이 되었어. 패혈증은 사람의 몸속에 들어온 병균의 수가 점점 늘어나 너무나도 많아진 상태를 가리켜. 오늘날에도 패혈증은 살아남기 어려울 정도로 무서운 질병이야. 다행히 지금은 패혈증에 이르기 전에 치료를 하므로 치료 효과가 아주 좋아졌지.

 헝가리의 제멜바이스가 출산 후에 산모가 패혈증에 걸리는 것은 의사들이 손을 씻지 않기 때문이라는 사실을 발견했다고 이미 앞에서 이야기했지. 파스퇴르가 예방접종법을 발견한 것도 눈에 보이지 않는 미생물이 질병을 일으킨다고 생각했기 때문이야. 이런 이야기에 귀를 기울이면서 이 원리를 이용하여 수술 후에 생기는 이차감염을 해결할 수 있지 않을까 생각한 사람이 있었어. 바로 영국의 외과의사 조지프 리스터가 그 주인공이야.

'수술 부위에 상처가 생기고 곪는 것은 그 상처 부위에 눈에 보이지 않는 병균이 들어오기 때문일 거야. 상처 부위로 들어온 병균은 그 부위에만 머물지 않고 온몸을 돌아다니며 새로운 병을 일으킬 거야. 사람의 몸 안에서 병균의 수는 늘어날 것이고, 그래서 온몸에 퍼지게 되면 의사가 손을 쓸 수 없을 정도로 질병이 진행하겠지. 그것이 바로 패혈증이야. 그렇다면 이를 해결하기 위해서는 어떻게 해야 할까? 파스퇴르가 이야기한 대로 예방접종을 통해 패혈증도 막을 수 있을까? 예방접종으로 패혈증을 막으려면 패혈증을 일으키는 미생물을 찾아내야 하는데 어떻게 하면 그 미생물을 찾아낼 수 있을까?'

영국 런던에서 태어나 런던 대학교에서 의학을 공부한 리스터는 외과 의사로 일하던 중 1863년에 "미생물이 질병을 일으킨다"는 내용을 담은 파스퇴르의 논문을 접하게 되었어. 수술 후 감염으로 인한 사망자를 줄이는 일에 지대한 관심을 쏟고 있던 그에겐 눈을 번쩍 뜨이게 하는 논문이었지.

리스터는 피부에 상처가 생기지 않고 내부의 뼈가 부러지는 경우 뼈가 부러진 정도에 관계없이 사망률에 큰 차이가 없지만, 피부 표면에 상처가 생기는 경우에는 사망자가 늘어난다는 점에 관심을 가졌어. 그는 상처 부위가 공기 중에 노출되는 것이 사망률을 증가시키는 원인이라고 생각했어. 리스터의 생각은 아주 기발하고 획기적인 것이었지만 미생물학에 대한 지식이 없다는 것이 문제였어. 리스터는 패혈증이 병균에 의해 발생하는 질병이므로 패혈증을 예방하기 위해서는 병균을 해결해야 한다는 목표를 세웠어.

그로부터 얼마 후 리스터의 귀를 번쩍 뜨이게 하는 소식이 또 하나 전해졌어. 리스터가 살고 있던 마을의 한 목장에서 기르던 가축들이 원인 모르게 죽어 가는 사고가 발생했는데 이를 해결했다는 내용이었어. 가축들이 갑자기 죽어 가기 시작하자 목장주는 석탄산을 하수로에 타서 흘려 보냈고, 그 결과 가축들의 죽음이 크게 감소했다는 내용이야. 이 이야기를 전해 들은 리스터는 기발한 생각이 떠올랐어.

'가축이 죽은 것은 병균의 감염 때문이야. 그러면 석탄산은……. 석탄산은 병균의 감염을 예방할 수 있는 방법이 아닐까?'

리스터는 1865년에 수술 후 죽어 가는 환자에게 석탄산을 사용하기 시작했어. 첫 번째 환자는 기대와 다르게 세상을 떠나고 말았어. 석탄산을 사용하는 시기가 너무 늦었기 때문이야. 그러나 계속해서 석탄산을 이용해 본 결과 수술 후 상처 부위에 감염이 생긴 환자 12명 중 9명이 완전히 정상으로 회복하는 성과를 거두었어.
 그는 1867년 석탄산에 적신 붕대를 상처에 감으면 수술 후에 생긴 상처에서 병균이 침입하거나 늘어나는 것을 막게 할 것이라는 논문을 발표했어. 그의 주장은 모국인 영국에서는 그리 좋은 반응을 얻지 못했지만 독일을 비롯한 유럽 여러 나라에서는 좋은 반응을 얻었어.

영국 사람들의 비판을 받은 리스터는 어떤 반응을 보였을까?

리스터는 제멜바이스와는 다른 성격의 소유자였어. 그는 제멜바이스와 다르게 자신의 주장을 남들에게 강요하는 대신 계속해서 더 좋은 방법을 찾기 위해 노력했어. 수술실에 석탄산을 분무하여 수술실 전체를 무균실로 만들기, 수술하는 의사의 손과 모든 수술 기구와 장비를 소독하기, 환자의 상처와 접하는 모든 물체를 소독하기 등 자신의 이론을 알맞게 이용할 수 있는 연구를 진행한 거야.

또 현미경으로 미생물의 존재를 확인함으로써 그때까지 미생물의 존재를 믿지 못하던 사람들의 비판을 잠재우기도 했어. 리스터의 제안을 받아들여 소독 작업을 한 다음 시행한 수술에서 패혈증이 발생하는 경우가 크게 줄어든 것은 두말할 것도 없어.

이렇게 하여 리스터가 개발한 방법은 서서히 비판을 잠재우고 널리 이용되기 시작했어. 리스터는 자신이 개발한 방법을 방부법이라 이름 붙였어. 마취제의 개발이 수술법을 향상시킨 1차 혁명이었다면, 리스터가 개발한 무균처리법은 2차 혁명이라 할 수 있을 거야.

고장난 장기 바꿔 끼우기

　인도에서는 오래 전부터 성형수술과 코 수술을 했어. 이런 수술을 할 때 피부의 일부를 옮겨 붙이기도 했는데, '이식'이란 옮겨 붙이는 것을 뜻하는 말이야.

　장기는 위, 간, 심장 등 사람의 몸에서 특수한 모양과 기능을 하고 있는 덩어리를 가리켜. 피부도 장기의 하나로 볼 수는 있지. 그러나 인도에서 한 이식수술은 장기의 극히 일부를 옮겨 붙인 것에 불과하므로 일반적인 장기이식과는 큰 차이가 있어.

　인류는 오래 전부터 사람의 몸에서 더 이상 쓸 수 없게 된 장기를 다시 사용할 수 있는 것으로 바꾸면 장기에 생긴 병을 치료할 수 있을 것이라고 생각했어. 그러나 이것은 떼어 내는 과정과 옮겨 붙이는 과정을 함께 진행해야 하기 때문에 쉽게 할 수 없는 수술이었지.

인류 최초로 장기이식을 실험에 옮긴 사람은 에머리히 울만이었어. 헝가리 출신으로 비엔나에서 일하던 그는 1902년에 개의 콩팥(신장)을 떼어 내어 그 개의 목에 옮겨 붙이는 수술에 성공했어. 이와 같이 자신의 장기를 떼어 자신에게 옮겨 붙이는 것을 '자가이식'이라고 해.

울만은 다음 실험으로 개에서 콩팥을 떼어 내어 다른 개의 목에 이식해 보았고, 또 개의 콩팥을 염소에게 이식하는 실험도 해 보았어. 그러나 둘 다 성공하지는 못했어. 뒤에 자세히 설명하겠지만, 개의 몸이 이식된 장기를 병균처럼 외부에서 침입한 나쁜 것으로 생각해 장기를 공격했거든. 지금은 자가이식이 아니라면 '면역에 의한 거부반응'이 일어나기 때문에 실패한다는 사실이 잘 알려져 있지만 면역에 대한 지식이 거의 없었던 당시에는 그 이유를 알 수가 없었어.

울만의 뒤를 이어 장기이식을 시도한 사람은 프랑스의 알렉시 카렐이었어. 그는 장기이식이 어려운 까닭은 이식을 한 후에 이식된 장기에 혈액이 충분히 공급되지 않기 때문이라고 생각했어. 그래서 '어떻게 하면 혈관을 잘 봉합할 수 있을까?' 하는 것에 관심을 기울였어. 이와 함께 실험을 통해 콩팥은 물론 심장, 비장 등을 자가이식하는 데 성공했어. 때로는 실패하기도 했지만 말이야.

어쨌거나 카렐은 혈관을 봉합하는 기술과 장기이식을 향상시킨 공로를 인정받아 1912년에 노벨 생리의학상을 수상했어. 한편에서는 그를 '장기이식의 아버지'라고 부르기도 해.

사람의 몸에 외부에서 무엇인가가 들어오면 '이것은 내게 필요없는 이물질이니 쫓아내야겠다' 는 생각을 하여 몸 밖으로 내보내거나 잡아먹는 기능을 하는데 이를 면역이라 해. 병균이 사람의 몸에 들어왔을 때 면역반응이 일어나지 않으면 병균이 자기 세상을 만난 것처럼 자라나게 될 테니 면역반응은 반드시 필요한 기능이야. 그러나 장기이식을 했을 때 몸에 들어온 장기를 내 것이 아니라고 생각하고 면역반응이 일어나게 되면 그 장기를 받아들이지 못하는 것과 같기 때문에 이식수술은 실패로 돌아가게 되는 거야. 그러므로 장기이식 기술이 획기적으로 발전한 것은 면역학이 발전하면서부터야.

1923년에 칼 윌리엄슨은 장기이식이 실패하는 주된 이유가 면역에 의한 거부반응 때문이라는 것을 알아냈어. 1950년대가 되자 에밀 홀먼은 장기이식의 거부반응이 이식된 장기에 대하여 항체가 만들어지기 때문이라는 사실을 밝혔어. 영국의 피터 메다워는 코티존이라는 물질이 면역반응을 억제하는 기능이 있다는 사실을 발견하여 장기이식 후에 이 면역억제제를 투여하면 장기이식의 성공률을 높일 수 있을 것이라는 기대를 가지게 했어.

혈액형에 종류가 있어서 피를 주고받을 때 같은 혈액형끼리만 주고받을 수 있는 것은 이미 알고 있지? 장기이식에 의한 거부반응을 연구하면서 새로 알게 된 사실은 장기를 이루는 조직에도 다양한 종류가 있다는 거야. 즉 같은 조직을 가진 장기를 주고받으면 거부반응이 일어나지 않지만 다른 조직을 가진 장기를 주고받으면 거부반응이 일어난다는 거지. 그런데 같은 조직을 가진 장기는 일란성 쌍둥이 외에는 얻을 수가 없어.

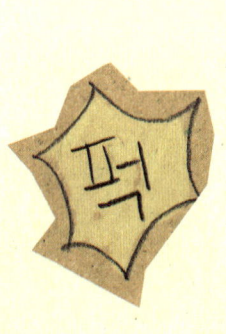

심장이식을 성공시킨 버나드(왼쪽)

최초로 사람의 장기이식이 성공한 것은 1954년의 일이야. 미국의 조지프 머레이와 하트웰 해리슨은 일란성 쌍둥이 중 한 명의 콩팥을 다른 한 명에게 옮겨 붙이는 수술을 성공시켰어. 1962년에는 죽은 사람의 콩팥을 살아 있는 사람에게 옮겨 심는 수술도 성공시켰지. 콩팥이 장기이식에서 제일 먼저 성공하게 된 것은 우리 몸에 콩팥이 두 개씩 있다는 것과도 연관이 있어. 두 개의 콩팥 중 하나가 못 쓰게 되더라도 나머지 하나의 콩팥만으로 몸에서 필요한 기능을 하는 데 부족함이 없기 때문이야.

1963년에는 미국의 제임스 하디가 폐이식에 성공했고, 1967년에 미국의 토머스 스타즐은 최초로 간이식을 성공시켰어. 한 번 실패는 있어도 두 번 실패는 없다는 걸 보여준 거야. 역시 1967년에 남아프리카 공화국의 크리스천 버나드는 심장이식을 성공시킴으로써, 이제 이식 수술의 성공은 시간 문제일 뿐 모든 장기의 이식이 가능할 것이라는 기대를 가지게 했어.

그런데 사람의 몸에 한 개밖에 없는 간과 심장은 물론이고 두 개가 있는 폐도 하나를 통째로 떼어 내었다가는 장기를 준 사람을 살릴 수가 없다는 게 가장 큰 문제였어. 즉 죽어 가는 사람을 살리기 위해서 장기이식을 하는데 막상 장기를 준 사람은 살 수가 없으니 장기를 줄 수 있는 사람은 죽지는 않았지만 다 죽어 가는 사람들뿐이란 거지. 그래서 산 사람의 장기를 떼어 내면 그 사람이 죽게 되므로 살아날 가능성이 없는 뇌사자들의 장기를 떼어 내어 죽어 가는 사람에게 이식함으로써 한 명이라도 살려 내는 방법을 쓰고 있어.

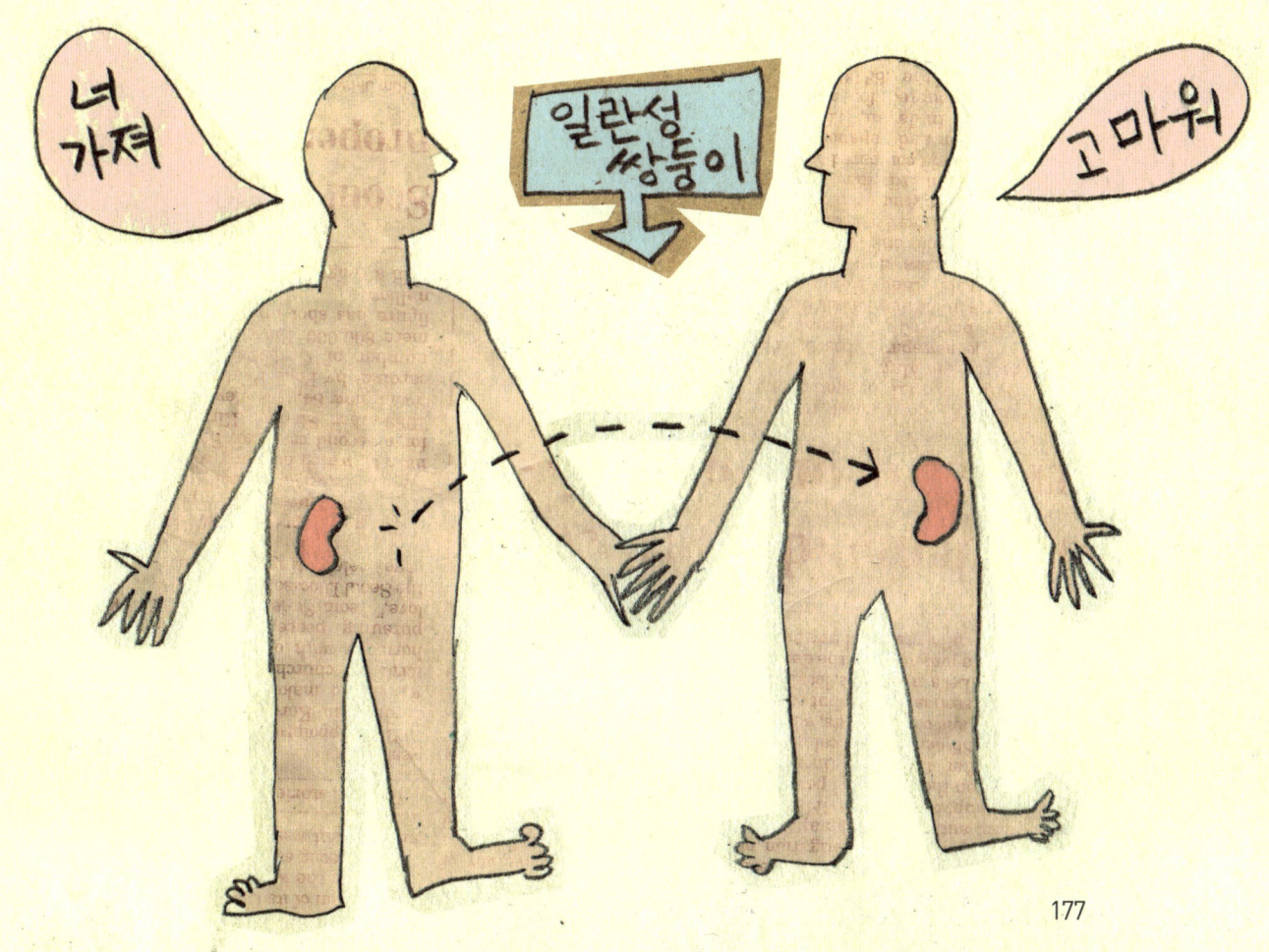

골수이식이라는 말을 들어 본 적이 있니? 골수이식은 1981년에 처음 성공한 이식수술로 죽어 가는 사람을 살리기 위한 아주 유용한 방법 중 하나야. 왜냐하면 골수는 뼈 사이의 공간을 채우고 있는 부드러운 조직을 가리키는데 이를 통째로 이식하는 것이 아니라 일부만 이식해도 정상 기능을 하기 때문이야. 즉 죽어 가는 사람을 살릴 수 있는 것은 물론 골수를 전해 준 사람도 아무 문제 없이 살 수 있는 방법이지.

골수이식은 백혈병을 비롯한 여러 가지 혈액 질환을 치료하기 위해 이용되고 있어. 환자와 잘 맞는 조직을 가진 사람이 골수의 일부를 전해 줌으로써 죽어 가는 병에 걸린 사람들을 살릴 수가 있는 거야. 지금

은 콩팥이식과 함께 아주 많이 이용되는 치료법 가운데 하나야.

　현재는 망막과 작은창자(소장) 이식도 가능해졌고, 한 사람에게 두 개의 장기를 동시에 이식하는 일도 성공했어. 폐와 간의 일부를 옮겨 심어서 장기를 준 사람과 받은 사람 모두를 살려 내는 것도 가능해졌어. 약 반 세기 만에 장기이식이 비약적으로 발전했지. 우리나라의 장기이식 수술은 수준이 아주 높아서 성공률이 아주 높은 편이야. 외국에서 한국 의사들의 시술을 받기 위해 찾아오는 환자들도 늘어나고 있어.

　이렇게 장기이식이 발전하면서 불치의 병에 걸렸지만 장기이식을 받는다면 생명을 건질 수 있는 환자들이 점점 늘어나고 있어. 그러나 폐나 간의 일부를 이식하여 두 사람을 모두 살릴 수 있다는 건 아직 일반화되지 못해서 아직까지는 제공 받을 장기가 있어야 해.

난 눈 망원경

지금은 뇌사 상태에 빠진 사람이 있어야 장기이식을 받을 수 있어. 장기를 필요로 하는 사람보다 제공해 줄 수 있는 사람이 턱없이 부족한 상태란다. 앞으로 인공장기를 만드는 일이 가능해진다면 장기이식이 원활해질 수도 있지만 언제쯤 이런 일이 가능해질지 가늠할 수가 없어. 환자 입장에서는 참으로 답답한 현실일 거야.

독자들 중에 인공장기에 관심을 가진 사람이 생겨나 먼 훗날 장기이식을 다시 한 번 비약적으로 발전시키는 인공장기를 만들어 주면 좋겠어. 그때 가서 "초등학생이었을 때 『의사를 꿈꾸는 어린이를 위한 놀라운 의학사』 책을 읽고 인공장기를 만드는 사람이 되기로 결심했습니다"라고 이야기해 주는 사람이 나온다면 무척 행복할 거야.

머리 이식 수술이 가능해질까?

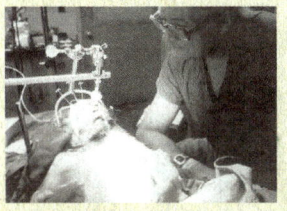
원숭이 머리 이식에 성공한 로버트 화이트 박사

1997년 2월 27일에 복제양 돌리가 7개월 전에 태어나서 잘 자라고 있다는 소식이 전 세계에 알려졌어. '양이 복제되었다고 하니 사람도 복제할 수 있는 것이 아닌가?' 하는 의문을 가지게 된 것은 지극히 당연한 일이지.

그런데 1997년 10월에 영국의 조너선 슬랙은 개구리 배아의 유전자를 조작하여 머리 없는 올챙이를 만드는 데 성공했다는 발표를 했어. 또 1998년 5월에 미국의 로버트 화이트는 원숭이 두 마리의 머리를 교환하여 몸에 붙이는 수술에 성공했다고 발표했어. 이를 발전시키면 사람이 늙어 몸이 허약해진 경우 머리 없는 젊은이를 만들어서 자신의 머리를 옮겨 붙이는 일이 가능해질 것이라고 예상할 수도 있으니 좋은 일인지 엽기적인 일인지 알쏭달쏭하기만 해.

원숭이 머리를 이어 붙였다고 사람 머리를 이어 붙이는 것이 가능하다는 이야기는 아니야. 실제로 가능하다고 해도 이 방법을 시도해 보겠다고 나설 사람이 있을지는 의문이야. 그렇지만 의학 발전이 계속된다면 지금은 불가능한 일이 가능해질 날이 있을 테니 상상이 현실로 바뀔 수도 있을 거야. 참으로 놀랍지 않니?

우표로 보는 의학사 04 _인간을 습격한 전염병

1 한센병 환자 수용소
19세기엔 한센병 전염을 막기 위해 환자들을 격리했어요.

4 코흐
콜레라의 원인균을 발견했어요.

5 예르생
페스트 원인균을 발견했어요.

2 한센
한센병의 원인균을 발견했어요.

1840년대

1871년

1883년

1894년

1882년

3 코흐
결핵의 원인균을 발견했어요.

7 리마

리케차에 의해 발진티푸스가 발생한다는 사실을 발견했어요.

8 칼메트와 게랭

결핵예방을 위한 BCG백신을 개발했어요.

1913년

1921년

1898년

1983년

10 에이즈

에이즈 위험성을 상징하고 알리는 리본모양

6 하프킨

콜레라 백신을 개발했어요.

9 몽타니에

에이즈의 원인 바이러스를 발견했어요. 2008년에 노벨 생리의학상을 받았어요.

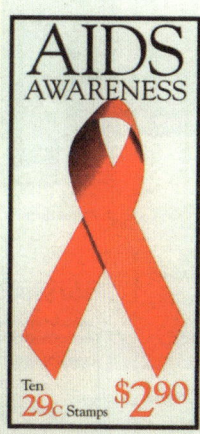

의사를 꿈꾸는 어린이를 위한
놀라운 의학사
ⓒ 예병일 오승만 2010

1판 1쇄 2010년 2월 10일
1판 6쇄 2022년 2월 10일

지은이 예병일
그린이 오승만
펴낸이 김정순
책임편집 허영수
디자인 홍지숙
마케팅 이보민 양혜림 이다영
펴낸곳 (주)북하우스 퍼블리셔스
출판등록 1997년 9월 23일 제406-2003-055호

주소 04043 서울시 마포구 양화로 12길 16-9(서교동 북앤빌딩)
전자메일 henamu@hotmail.com
홈페이지 www.bookhouse.co.kr
전화번호 02-3144-3123
팩스 02-3144-3121

ISBN 978-89-5605-439-1 73400